文人庭中开好花
更无凡木争春华

亭脊太高君莫拆东家留取当西山好看亭日斜衔处一片春岚映出螺黛淡青上村深谁传得东风十二阑燕子不归春事晓一江烟雨杏花寒 乙亥孟夏月徽因题

亭脊太高君莫拆
东家留取当西山

明清底建築

梁思成

明清。明代推翻元的統治政權，是民族復興的發烈力量。最初朱元璋首都設在南京，派人將北京元故宮毀去，元代建築的精華因此損失殆盡。在南京徵發全國工匠二十餘萬人建造宮殿，規模很宏壯，並再特別強調中國原有的宗教禮節，笑子的祀祁（祭天地和五穀的神）所以對壇廟制度很認真。

四十年後，朱棣（明永樂）遷回北京建都，又在元大都城的基礎上重新建設。今天北京的故宮大體是明初的建設。雖然絕大部分的個別殿堂，都由清代重建了明原物還剩了幾個完整的組群和個別的大殿幾座。社稷壇、太廟（即現在的中山公園、

《明清的建筑》手稿

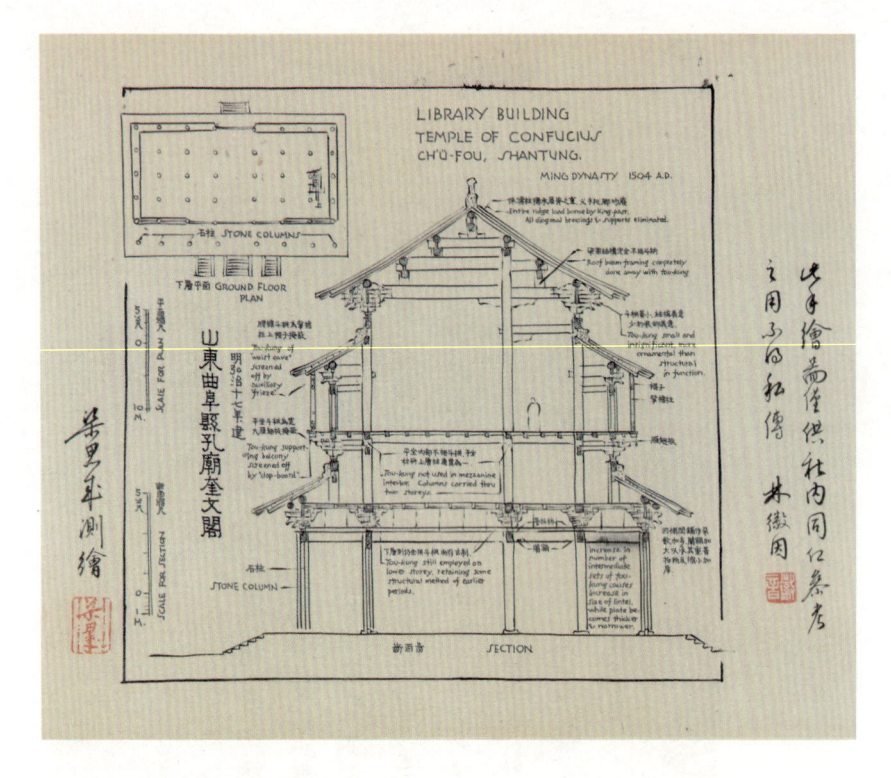

山东曲阜孔庙奎文阁

《紫禁城》手稿

獅子窟寺位於日本大阪府交野市普見山中，傳聞是空海大師修法場，所曾毀於大阪城之戰，一六四四年重建，這尊藥師如來像得以幸存為平安時代前期木雕佳作。余幼時居日本曾幾次遊玩至此，今拾攬此畫恍惚身在昨日。一九六二年五月 梁思成

獅子窟寺藥師如來像

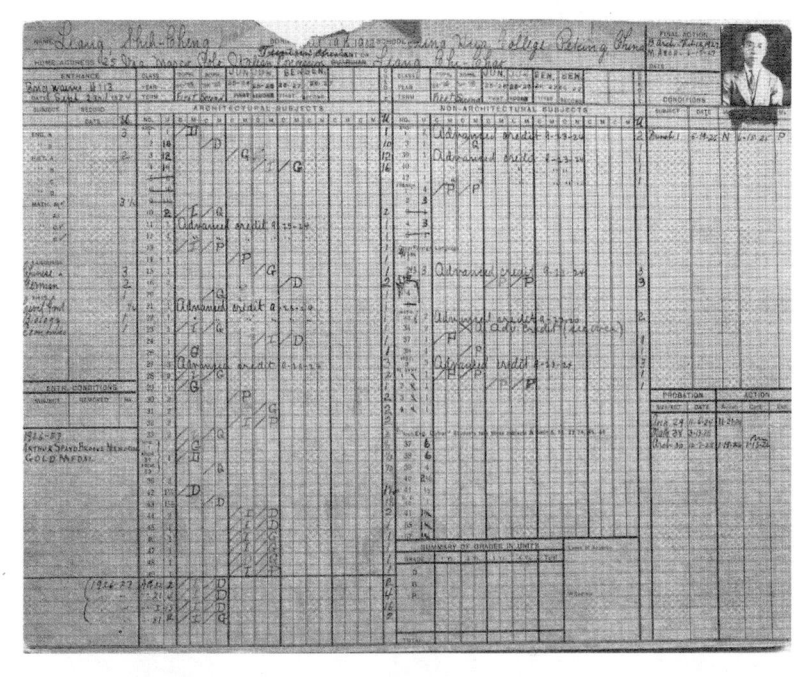

梁思成留学美国宾夕法尼亚大学时的成绩单

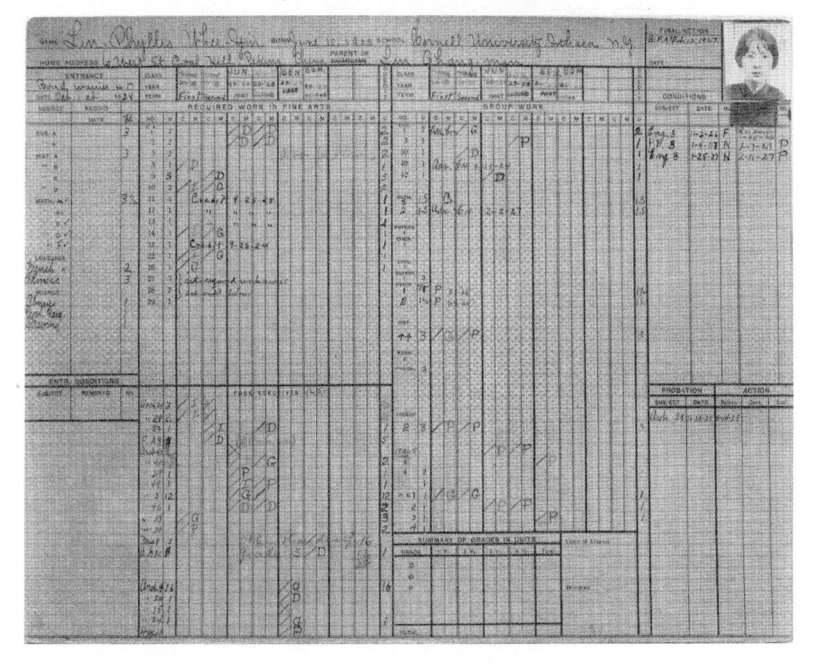

林徽因留学美国宾夕法尼亚大学时的成绩单

家乡福建

罗马古建筑

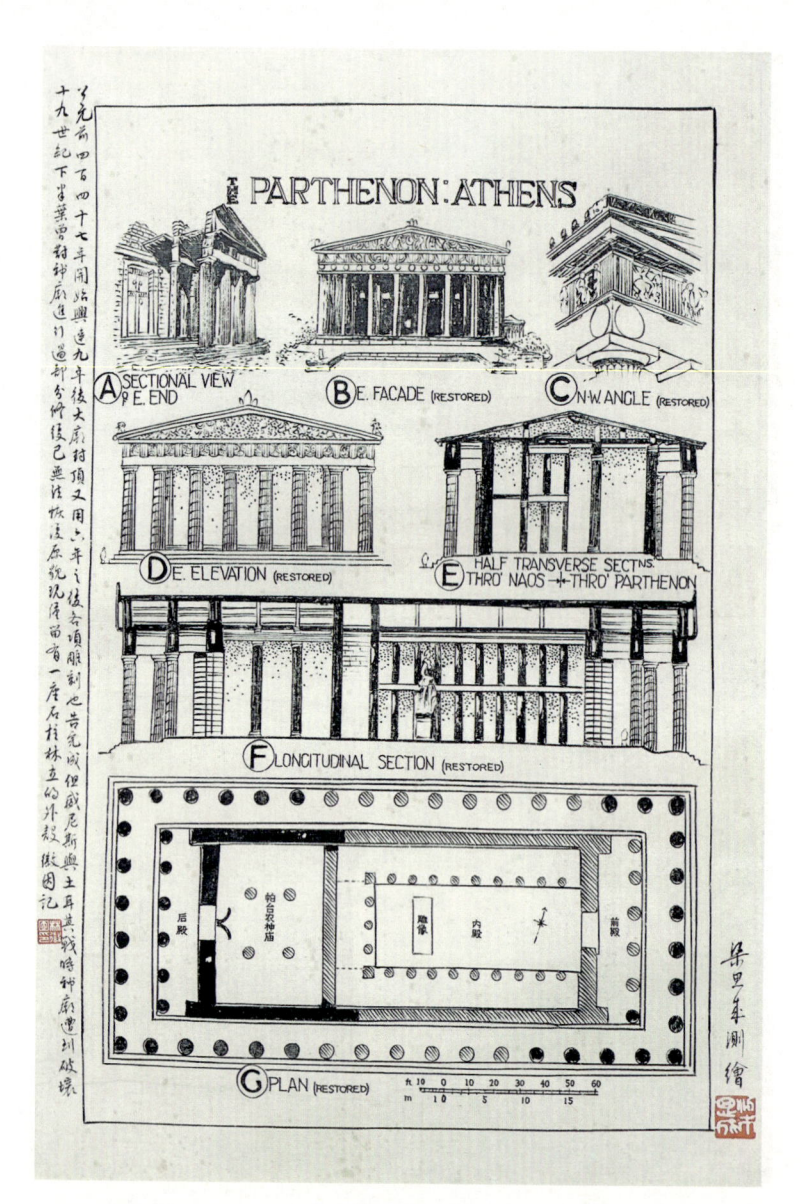

公元前四百四十七年间始兴建历九年后大庙封顶又用六年之后各项雕刻也告完成但戏尼斯与土耳其战时神庙遭到破坏十九世纪下半叶曾对神庙进行过部分修复已无法恢复原貌现存留有一座石柱林立的外壳 徽图记

帕台农神庙

就读于清华学校的梁思成　　　　车祸以后康复的梁思成

梁思成（左一）担任清华学校军乐队队长

1920年，林徽因与父亲林长民在英国伦敦

1920年，林徽因于英国伦敦

20世纪20年代初，林徽因在北京景山后街雪池胡同家中

1922年，林徽因与梁思成在北京景山后街雪池胡同家中

1924年4月，泰戈尔、梁思成和林徽因合影

1927年前后留学美国期间，林徽因（左三）与梁思成（左一）及友人合影

1927年，林徽因从美国宾夕法尼亚大学毕业，获学士学位

1930年，梁思成、林徽因在国内补拍的结婚照

1928年，梁思成与林徽因在欧洲蜜月旅行

1935年，梁思成、林徽因与费慰梅合影

1935年，林徽因于北平

梁思成（左二）、林徽因（右二）与费正清、费慰梅等友人在一起

1929年，梁思成与林徽因测绘沈阳北陵

1933年梁思成在山西大同善化寺普贤阁檐下

1937年，林徽因在五台山佛光寺大殿唐代佛像群中

我用一生来回答 2

梁思成 林徽因 著

梁思成 林徽因 诗文集

开明出版社

图书在版编目（CIP）数据

我用一生来回答：梁思成林徽因诗文集.2/梁思成，林徽因著.—北京：开明出版社，2024.4

ISBN 978-7-5131-8650-6

Ⅰ.①我… Ⅱ.①梁…②林… Ⅲ.①梁思成（1901-1972）—文集②林徽因（1904-1955）—文集③建筑学—文集④中国文学—现代文学—作品综合集 Ⅳ.①Z427

中国国家版本馆CIP数据核字（2024）第001764号

责任编辑：卓　玥　张慧明

书　名：我用一生来回答：梁思成林徽因诗文集2
　　　　WOYONGYISHENGLAIHUIDA : LIANGSICHENGLINHUIYINSHIWENJI 2
出版人：陈滨滨
著　者：梁思成　林徽因
出版社：开明出版社（北京市海淀区西三环北路25号青政大厦6层）
印　刷：保定市中画美凯印刷有限公司
开　本：880mm×1230mm 1/32
印　张：8 插页8
字　数：125千字
版　次：2024年4月第1版
印　次：2024年4月第1次印刷
定　价：42.00元

印刷、装订质量问题，出版社负责调换。联系电话：（010）88817647

目录

第一章
中国建筑的特征 __003

祖国的建筑 __013

第二章
古建序论 __069

祖国的建筑传统与当前的建设问题 __103

第三章
论中国建筑之几个特征 __117

《清式营造则例》绪论 __137

第四章
模影零篇 __165

第五章

笑 __225

仍然 __226

莲灯 __227

山中一个夏夜 __228

年关 __230

忆 __232

吊玮德 __233

城楼上 __237

风筝 __239

雨后天 __241

题剔空菩提叶 __242

黄昏过泰山 __243

昼梦 __244

八月的忧愁 __246

昆明即景 __247

我们的雄鸡 __250

第一章

中国建筑的特征

梁思成

中国的建筑体系是在世界各民族数千年文化史中一个独特的建筑体系。它是中华民族数千年来世代经验的累积所创造的。这个体系分布到很广大的地区：西起葱岭，东至日本、朝鲜，南至越南、缅甸，北至黑龙江，包括蒙古人民共和国的区域在内。这些地区的建筑和中国中心地区的建筑，或是同属于一个体系，或是大同小异，如弟兄之同属于一家的关系。

考古学家所发掘的殷代遗址证明，至迟在公元前15世纪，这个独特的体系已经基本上形成了。它的基本特征一直保留到了最近代。三千五百年来，中国世世代代的劳动人民发展了这个体系的特长，不断地在技术上和艺术上把它提高，达到了高度水平，取得了辉煌成就。

中国建筑的基本特征可以概括为下列九点。

（一）个别的建筑物，一般地由三个主要部分构成：下部的台基，中间的房屋本身和上部翼状伸展的屋顶（图一）

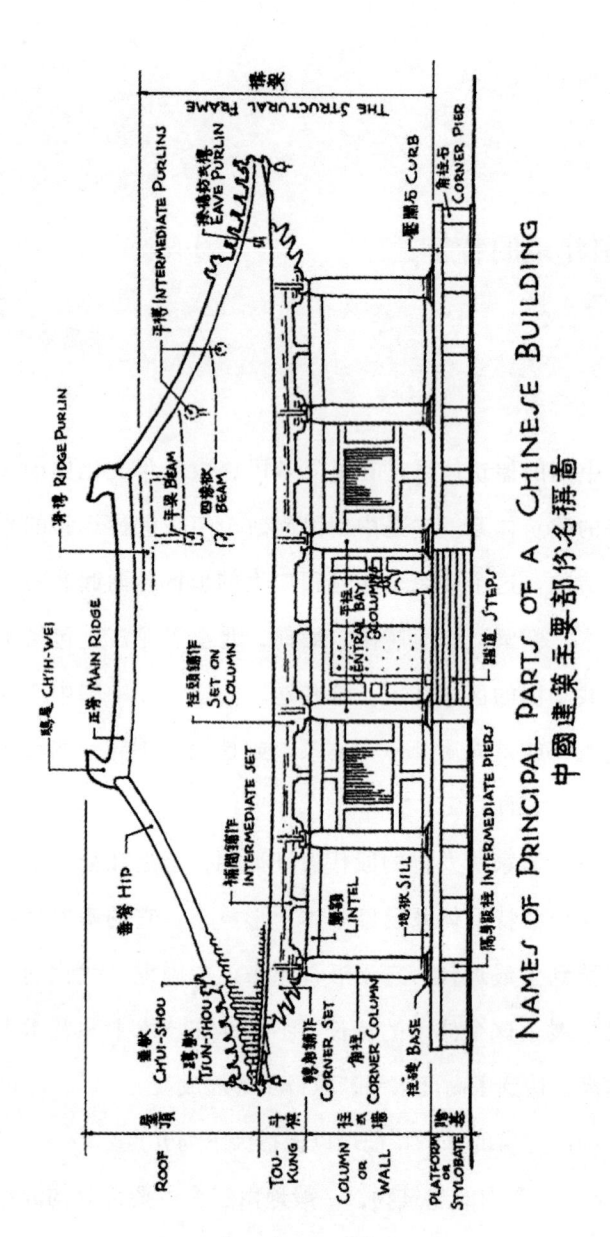

图一　中国建筑主要部分名称图

（二）在平面布置上，中国所称为一"所"房子是由若干座这种建筑物以及一些联系性的建筑物，如回廊、抱厦、厢、耳、过厅等等，围绕着一个或若干个庭院或天井建造而成的。在这种布置中，往往左右均齐对称，构成显著的轴线。这同一原则，也常应用在城市规划上。主要的房屋一般地都采取向南的方向，以取得最多的阳光。这样的庭院天井里虽然往往也种植树木花草，但主要部分一般地都有砖石墁地，成为日常生活所常用的一种户外的空间，我们也可以说它是很好的"户外起居室"（图二）。

（三）这个体系以木材结构为它的主要结构方法。这就是说，房身部分是以木材做立柱和横梁，成为一副梁架。每一副梁架有两根立柱和两层以上的横梁。每两副梁架之间用枋、檩之类的横木把它们互相牵搭起来，就成了"间"的主要构架，以承托上面的重量。

两柱之间也常用墙壁，但墙壁并不负重，只是像"帷幕"一样，用以隔断内外，或分划内部空间而已。因此，门窗的位置和处理都极自由，由全部用墙壁至全部开门窗，乃至既没有墙壁也没有门窗（如凉亭），都不妨碍负重的问题；房顶或上层楼板的重量总是由柱承担的。这种框架结构的原则直到现代的钢筋混凝土构架或钢骨架的结构才被应用，而我们中国建筑在三千多年前就具备了这个优点，并且恰好为中国将来的新建筑在使用新的材料与技术的问题上具备了极有利的条件。

（四）斗栱：在一副梁架上，在立柱和横梁交接处，在

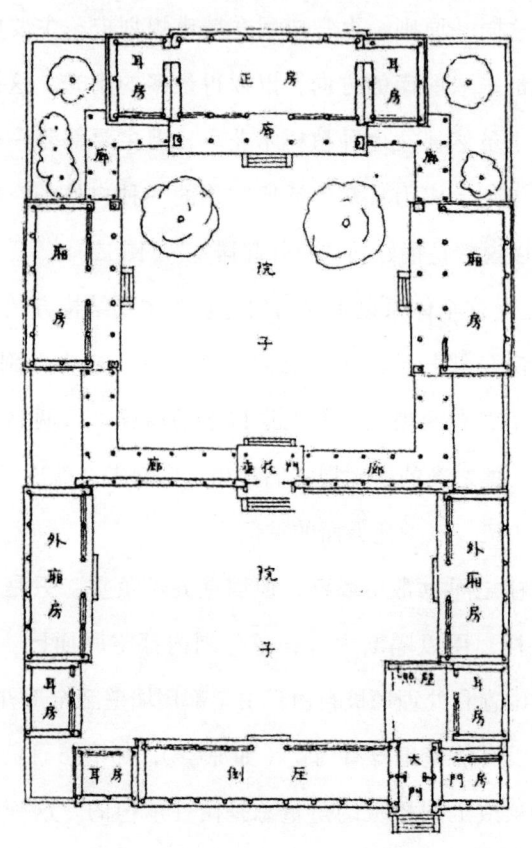

图二　一所北京住宅的平面图

柱头上加上一层层逐渐挑出的称作"栱"的弓形短木,两层栱之间用称作"斗"的斗形方木块垫着。这种用栱和斗综合构成的单位叫作"斗栱"。它是用以减少立柱和横梁交接处的剪力,以减少梁的折断之可能的。更早,它还是用以加固两条横木接榫的,先是用一个斗,上加一块略似栱形的"替木"。斗栱也可以由柱头挑出去承托上面其他结构,最显著的如屋檐,上层楼外的"平坐"(露台),屋子内部的楼井、栏杆等。斗栱的装饰性很早就被发现,不但在木构上得到了巨大的发展,并且在砖石建筑上也充分应用,它成为中国建筑中最显著的特征之一。

(五)举折,举架:梁架上的梁是多层的:上一层总比下一层短:两层之间的矮柱(或柁墩)总是逐渐加高的。这叫作"举架"。屋顶的坡度就随着这举架,由下段的檐缓和的坡度逐步增高为近屋脊处的陡斜,成了缓和的弯曲面。

(六)屋顶在中国建筑中素来占着极其重要的位置。它的瓦面是弯曲的,已如上面所说。当屋顶是四面坡的时候,屋顶的四角也就是翘起的。它的壮丽的装饰性也很早就被发现而予以利用了。在其他体系建中,屋顶素来是不受重视的部分,除掉穹窿顶得到特别处理之外,一般坡顶都是草草处理,生硬无趣,甚至用女儿墙把它隐藏起来。但在中国，古代智慧的匠师们很早就发挥了屋顶部分的巨大的装饰性。在《诗经》早就有"如鸟斯革""如翚斯飞"的句子来歌颂像翼舒展的屋顶和出檐。《诗经》开了端，两汉以来许多诗词歌赋中就有更多叙述屋子顶部和它的各种装饰的辞句。这证明顶屋不但是几千年来广大人民所喜闻乐见的，并且是我们民族所最骄傲的成就。它的发展成为中国建筑中最主要的特征之一。

（七）大胆地用朱红作为大建筑物屋身的主要颜色，用在柱、窗和墙壁上，并且用彩色绘画图案来装饰木构架的上部结构，如额枋、梁架、柱头和斗栱，无论外部内部都如此。在使用颜色上，中国建筑是世界各建筑体系中最大胆的。

（八）在木结构建筑中，所有构件交接的部分都大半露出，在它们外表形状上稍稍加工，使成为建筑本身的装饰部分。例如：梁头做成"挑尖梁头"或"蚂蚱头"；额枋出头做成"霸王拳"；昂的下端做成"昂嘴"，上端做成"六分头"或"菊花头"；将几层昂的上段固定在一起的横木做成"三福云"等等；或如整组的斗栱和门窗上的刻花图案、门环、角叶，乃至屋脊、脊吻、瓦当等都属于这一类。它们都是结构部分，经过这样的加工而取得了高度装饰的效果。

（九）在建筑材料中，大量使用有色琉璃砖瓦；尽量利用各色油漆的装饰潜力。木上刻花，石面上作装饰浮雕，砖墙上也加雕刻。这些也都是中国建筑体系的特征。

这一切特点都有一定的风格和手法，为匠师们所遵守，为人民所承认，我们可以叫它作中国建筑的"文法"。建筑和语言文字一样，一个民族总是创造出他们世世代代所喜爱，因而沿用的惯例，成了法式。在西方，希腊、罗马体系创造了它们的"五种典范"，成为它们建筑的法式。中国建筑怎样砍割并组织木材成为梁架，成为斗栱，成为一"间"，成为个别建筑物的框架；怎样用举架的公式求得屋顶的曲面和曲线轮廓；怎样结束瓦顶；怎样求得台基、台阶、栏杆的比例；怎样切削生硬的结构部分，使同时成为柔和的、曲面的、图案型的装饰物；怎样布置并联系各种不同的个别建筑，组成庭院；这都是我们建筑上二三千年沿用并发展下来的惯例法式。无论每种具体的实物怎样地千变万化，它们都遵循着那些法式。构件与构件之间，构件和它们的加工处理装饰，个别建筑物与个别建筑物之间，都有一定的处理方法和相互关系，所以我们说它是一种建筑上的"文法"。至如梁、柱、枋、檩、门、窗、墙、瓦、槛、阶、栏杆、槅扇、斗栱、正脊、垂脊、正吻、戗兽、正房、厢房、游廊、庭院、夹道等等，那就是我们建筑上的"词汇"，是构成一座或一组建筑的不可少的构件和因素。

这种"文法"有一定的拘束性，但同时也有极大的运用的灵活性，能有多样性的表现。也如同做文章一样，在文法的拘束性之下，仍可以有许多体裁，有多样性的创作，如文章之有诗、词、歌、赋、论著、散文、小说等等。建筑的"文章"也可因不同的命题，有"大文章"或"小品"。大文章如宫殿、庙宇等等；"小品"如山亭、水榭、一轩、一楼。文字上有面横额，一副对子，纯粹做点缀装饰用的。建筑也有类似的东西，如在路的尽头的一座影壁，或横跨街中心的几座牌楼等等。它们之所以都是中国建筑，具有共同的中国建筑的特性和特色，就是因为它们都用中国建筑的"词汇"，遵循着中国建筑的"文法"所组织起来的。运用这"文法"的规则，为了不同的需要，可以用极不相同的"词汇"构成极不相同的体形，表达极不相同的情感，解决极不相同的问题，创造极不相同的类型。

这种"词汇"和"文法"到底是什么呢？归根说来，它们是从世世代代的劳动人民在长期建筑活动的实践中所累积的经验中提炼出来，经过千百年的考验，而普遍地受到承认而遵守的规则和惯例。它是智慧的结晶，是劳动和创造成果的总结。它不是一人一时的创作，它是整个民族和地方的物质和精神条件下的产物。

由这"文法"和"词汇"组织而成的这种建筑形式，既经广大人民所接受，为他们所承认、所喜爱，于是原先虽是从木材结构产生的，它们很快地就越过材料的限制，同样地运用到砖石建筑上去，以表现那些建筑物的性质，表达所要表达的情感。这说明为什么在中国无数的建筑上都常常应用原来用在木材结构上的"词汇"和"文法"。这条发展的途径，中国建筑和欧洲希腊、罗马的古典建筑体系，乃至埃及和两河流域的建筑体系是完全一样的；所不同者，是那些体系很早就舍弃了木材而完全代以砖石为主要材料。在中国，则因很早就创造了先进的科学的梁架结构法，把它发展到高度的艺术和技艺水平，所以虽然也发展了砖石建筑，但木框架还同时被采用为主要结构方法。这样的框架实在为我们的新建筑的发展创造了无比的有利条件。

在这里，我打算提出一个各民族的建筑之间的"可译性"的问题。

如同语言和文学一样，为了同样的需要，为了解决同样的问题，乃至为了表达同样的情感，不同的民族，在不同的时代是可以各自用自己的"词汇"和"文法"来处理它们的。简单的如台基、栏杆、台阶等等，所要解决的问题基本上是相同的，但多少民族创造了多少形式不同的台基、栏杆和台阶。例如热河普陀拉的一个窗子，就与无数文艺复兴时代的窗子"内容"完全相同，但是各用不同的"词汇"和"文法"，用自己的形式把这样一句"话""说"出来了。又如天坛皇穹宇与罗马的布拉曼提所设计的圆亭子，虽然大小不同，基本上是同一体裁的"文章"。又如罗马的凯旋门与北京的琉璃牌楼，罗马的一些纪念柱与我们的华表，都是同一性质，同样处理的市容点缀。这许多例子说明各民族各有自己不同的建筑手法，建造出来各种各类的建筑物，就如同不同的民族有用他们不同的文学所写出来的文学作品和通俗文章一样。

我们若想用我们自己建筑上优良传统来建造适合于今天我们新中国的建筑，我们就必须首先熟习自己建筑上的"文法"和"词汇"，否则我们是不可能写出一篇中国"文章"的。关于这方面深入一步的学习，我介绍同志们参考清《工部工程做法则例》和宋李明仲的《营造法式》。关于前书，前中国营造学社出版的《清式营造则例》可作为一部参考用书。关于后书，我们也可以从营造学社一些研究成果中得到参考的图版。

祖国的建筑

梁思成

开头的话

解放以来，祖国各方面都在进行着有计划的建设：铁路方面有成渝、天兰、宝成、兰新等新路线；水利方面有治淮、荆江分洪和官厅水库等大工程；基本建设遍及全国，在三四年的短期间中，就已经完成了若干千万平方米的建筑物。这些建设的规模和施工速度在我国都是史无前例的。

在基本建设工作中我们遇到了许多问题，其中一个就是在纯工程技术之外，我们的建筑艺术到底向哪个方向走。

我们中国本来有我们中国体系的建筑。但是百余年来，在我国大城市中出现了许多所谓西式建筑，它们具有英、法、美、德等国的不同形式和风格，近二十年来又出现了一些没有民族性的所谓摩登建筑，好像许多方方的玻璃匣子。过去四年中人们对于建筑的民族性的问题有过不少不同的意见。最近由于大家进行了学习、讨论，并且苏联专家热诚地给我们介绍了他们过去的经验,我们的认识才渐趋一致了。现在大家都认为我们的建筑也要走苏联和其他民主国家的路,那就是走"民族的形式,社会主义的内容"的路,而扬弃那些世界主义的光秃秃的玻璃匣子。

我们认识到这个正确方向以后,首先就要研究我国建筑的民族传统。设计民族形式的建筑时,不是找几张古建筑的照片摹仿一下,加一些民族形式的花纹就可以成功的。在设计工作中应用民族形式,需要经过深入和刻苦的钻研。我们必须真正地了解祖国从古到今的建筑遗产,对它们的发展有了相当的认识,掌握了它们的规律,然后才可能推陈出新,创造适合于我们新中国这一伟大时代的新建筑,并且使我国建筑艺术不断地发展和丰富起来。

什么是建筑

研究祖国的建筑,首先要问:"什么是建筑?""建筑"这个名词,今天在中国还是含义很不明确的;铁路、水坝和房屋等都可以包括在"建筑"以内。但是在西方的许多国家,一般都将铁路、水坝等称为"土木工程",只有设计和建造房屋的艺术和科学叫作"建筑学"。在俄文里面,"建筑学"是"архитектура",是从希腊文沿用下来的,原意是"大的技术",即包罗万象的综合性的科学艺术。在英、意、法、德等国文中都用这个字。

人类对建筑的要求

人类对建筑的最原始的要求是遮蔽风雨和避免毒蛇猛兽的侵害,换句话说,就是要得到一个安全的睡觉地方。五十万年前,中国猿人住在周口店的山洞里,只要风吹不着,雨打不着,猛兽不能伤害他们,就满意了,所以原始人对于住的要求是非常简单的。但是随着生产工具的改进和生活水平的提高,这种要求也就不断地提高和变化着,而且越来越专门化了。譬如我们现在居住、学习、工作和娱乐各有不同的建筑。我们对于"住"的要求的确是提高了,而且复杂了。

建筑技术已发展成为一种工程科学

在技术上讲,所谓提高就是人在和自然作斗争的过程中逐步获得了胜利。在原始时代人们所要求的是抵抗风雨和猛兽。各种技术都是为了和自然作斗争，争取生存得更好条件，而在斗争过程中，人们也就改造了自然。在建筑技术的发展过程中，我们的祖先发现木头有弹性，弄弯了以后还会恢复原状，石头很结实，垒起来就可以不倒等现象。

远在原始时代，我们的祖先就掌握了最基本的材料力学和一些材料的物理性能。譬如，石头最好是垒起来，而木头需要连在一起用的时候，却最好是想法子把它扎在一起，或用榫头衔接起来。所以我们可以说，在人类的曙光开始的时候，建筑的技术已经开始萌芽了。有一种说法——当然是推测，不过考古学家也同意——认为我们的祖先可能在烧兽肉时，在火堆的四周架了一些石头，后来发现那些石头经过火一烧，就松脆了，再经过水一浇，就发热粉碎而成了白泥样的东西，但过一些时间，它又变硬了，不溶于水了。石灰可能就是这样发现的。天然材料经过了某种物理或化学变化，便变成另外的一种材料，这是人类很早就认识到的。这种人造建筑材料，一直到现在还不断地发展着和增加着。例如门窗用的玻璃，也是用砂子和一些别的材料烧在一起所造成的一种人造建筑材料。人类在住的问题方面不断地和自然作斗争，就使得建筑技术逐渐发展成为一种工程科学了。

建筑是全面反映社会面貌的和有教育意义的艺术

人类有一种爱美的本性。石器时代的人做了许多陶质的坛子和罐子，有的用红土造的，有的用白土或黑土造的，大都画了或刻了许多花纹。罐子本来只求其可以存放几斤粮食或一些水就罢了，为什么要画上或刻上许多花纹呢？人类天性爱美，喜欢好看的东西；人类在这方面的要求也随着文化的发展愈来愈高。人类对于建筑不但要求技术方面的提高，并且要求加工美化，因此建筑艺术随着文化的提高也不断地丰富起来。

在原始时期，建筑初步形成，发展得很慢，但越往后，发展速度就越快。建筑艺术是随同文化的发展而不停地前进着的。人们的生活水平提高了，也就是人们的物质和精神两方面的要求都提高了，就必定要求建筑在实用上满足更多方面的需要，在艺术方面更优美，更能表达思想内容。

建筑是在各种社会生活和社会意识的要求下产生的，所以当许多建筑在一起时，会把当时的经济、政治和文化的情况多方面地反映出来的。建筑不但可以表现当时的生产力和技术成就，并且可以反映出当时的生产关系，政治制度和思想情况。我们不能不承认它是能多方面地反映社会面貌的艺术创造，而不是单纯的工程技术。

原始时代单座的房屋是为了解决简单的住的问题的。但很快地"住"的意义就渐渐扩大了，从作为住宿用的和为了解决农业或畜牧业生产用的房舍，出现了为了支持阶级社会制度的宫殿和坛庙，出现了反映思想方面要求的宗教建筑和陵墓等。到了近代，又有为了高度发达的工业生产用的厂房，为了社会化的医疗、休息、文化、娱乐和教育用的房屋，建筑的种类就更多，方面也更广了。

很多的建筑物合起来，就变成了一个城市。建筑与建筑之间留出来走路的地方就是街道。城市就是一个扩大的综合性的整体建筑群。在原始时代，一个村落或城市只有很简单的房屋和一些道路，到了近代，城市就是个极复杂的大东西了。电气设备、卫生工程、交通运输和各种各类的公共建筑物，它们之间的联系和关系，无论是街道、广场、园林或桥梁都和建筑分不开。建筑是人类创造里面最大、最复杂、最耐久的东西。

今天还存在着许多古代的建筑物，像埃及的金字塔和欧洲中古的大教堂等。我们中国两千年前的建筑遗物留到今天的有帝主陵墓和古城等，较近代的有宫殿和庙宇等。

一般讲来，这些建筑都是很大的东西。在人类的创造里面，没有比建筑物再大的了。五万吨的轮船，比我们的万里长城小多了。建筑物建立在土地上，是显著的大东西，任何人经过都不可能看不到它。不论是在城市里或乡村里，建筑物形成你的生活环境，同时也影响着你的生活。所以我们说它是有教育作用的东西，有重大意义的东西。譬如说我们到莫斯科看到了地下电车站，通过这车站的辉煌美丽的形象，我们就能感到建造它的时代的伟大和社会主义的优越性。我们不能在那里看见列宁和斯大林本人；但是，你走进去，会受到许多列宁和斯大林所教导的思想教育。这种建筑物，目的是为劳动大众服务的，它的美丽和舒适反映了社会主义的优越的文化。我还可以举莫斯科大学为例，通过那么一座建筑，我们就具体地看到了将来共产主义城市的一部分。这种建筑对人民起了极大的教育和鼓舞作用。这座建筑上高度的艺术性所表现的是社会主义的思想、社会主义的政治和经济所可能产生出来的事物。见到它的人就体会到，只要我们朝这个方向走，中国的将来也能和苏联一样美好，建筑在人类社会生活里面起的作用就是这样的一种作用。它不但是社会里各种事物中的一个显著的东西，它还全面地反映了那个社会的本质。

建筑是有民族性的

莫斯科大学的形式是由俄罗斯传统发展出来的，是具有俄罗斯的民族形式的。在苏联其他共和国，我们看见的是其他民族的形式，这种情形帮助我们明确认识社会主义的建筑是有民族性的。我们在俄罗斯所看到的建筑，是俄罗斯劳动人民创造出来的，一代又一代继续着俄罗斯传统而发展来的，所以没有一所像天安门那样的建筑物。因为天安门那种形式是中国劳动人民所创造的，它有它的传统，继承这个优良传统而发展起来的建筑，就会有中国的特征。这说明各个国家的建筑可以有同样的社会主义内容，但是可以各有不同的艺术上的民族形式。当然我们也许在苏联盖一所中国民族形式的中华人民共和国大使馆，苏联也可以在中国盖一个俄罗斯民族形式的展览馆。可是我们不能无端把苏联形式的房子盖在中国，或在苏联用中国式的房屋作为他们的建筑的一般形式。建筑是在民族传统的基础上不断地发展变化着的。只有在我们被侵略，被当作半殖民地的时代，我们的城市中才会有各式各样的硬搬进来的"洋式"建筑，如在上海或天津那样。

第二次世界大战结束以后，民主德国在东柏林计划并重建了一条主要大道，整齐地盖了许多具有德意志民族形式的房子。西柏林也盖了一些房子，都是美国近年流行的玻璃匣子式的，样子五花八门，却丝毫没有德意志民族的风格。从西柏林到东柏林来的人，看到了继承德意志民族传统的新建筑，感叹地说："这才是回到祖国来了！"这是建筑物在人们精神上起巨大作用的一例。

中国建筑有悠久的传统和独特的做法与风格

我们中国建筑的传统的特征是什么呢？

我们中国的建筑，以单座的建筑来分析，一般都有三个部分：下面有台子，中间有木构屋身，上面有屋顶。几座这样个别的房屋，就组成了庭院。具有这样的基本构成部分的房屋，已经有三千五百年的历史了。考古学家在河南安阳县殷墟发现了一些土台子，在土台子上面有许多柱础，它们的行列和距离非常整齐。石卵上面有许多铜盘（后来叫作'楯'）。在铜盘的上面或附近有许多木炭，直径约15公分到20公分。显然那木炭是经过焚烧的木柱，而那些石卵和铜楯就是柱础。这个建筑大约是在武王伐纣的时候

（公元前一一二二年）烧掉的，在抗日战争以前被考古学家发掘出来了，并已证明是殷朝的遗物。这就是说，我们确实知道由殷朝起已有在土台子上面立上柱子用以承托屋顶的这种建筑形式。我们从另一些文献上也能考证出来这种形式。《史记》上说，尧的宫殿"堂高三尺，茅茨不剪"。"堂"就是台子，用茅草覆在房顶上，中间是用木材盖起来的。

几千年以来，我们一直应用木材构成一种"框架结构"，起先很简单，但古代的匠人把这部分发展了，渐渐有了一定的规矩，总结出来了许多巧妙合理的做法，制定了一些标准。我们从宋朝一本讲建筑的术书《营造法式》里面，知道了当时的一些基本法则。

在这些法则中，我们要特别提到一种用中国建筑所特有的方法所构成的构件——斗栱（图三）。在一副框架结构中，在立柱和横梁交接处，在柱头上加上一层层逐渐挑出的称作"栱"的弓形短木，两层栱之间用称作"斗"的斗形方木块垫着。这种用栱和斗构成的综合构件叫作"斗栱"。它是用以减少立柱和横梁交接处的剪力，以减少梁的折断的可能性的。在汉、晋、六朝时代，它还被用来加固两条横木的衔接处。简单的只在斗上用一条比栱更简单的"替木"。这种斗栱大多由柱头挑出去承托上面的各种结构，

祖国的建筑 —— 023

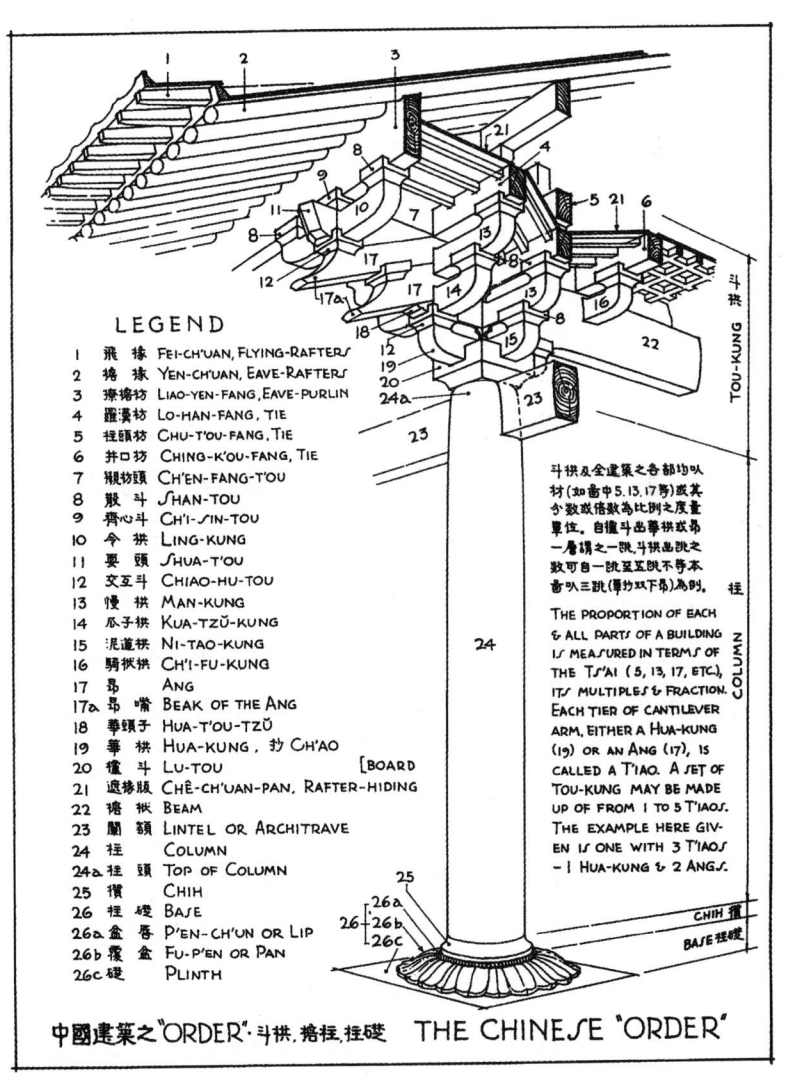

LEGEND

1. 飞椽 FEI-CH'UAN, FLYING-RAFTERS
2. 檐椽 YEN-CH'UAN, EAVE-RAFTERS
3. 橑檐枋 LIAO-YEN-FANG, EAVE-PURLIN
4. 罗汉枋 LO-HAN-FANG, TIE
5. 柱头枋 CHU-T'OU-FANG, TIE
6. 井口枋 CHING-K'OU-FANG, TIE
7. 橕枋头 CH'EN-FANG-T'OU
8. 散斗 SHAN-TOU
9. 齐心斗 CH'I-SIN-TOU
10. 令栱 LING-KUNG
11. 耍头 SHUA-T'OU
12. 交互斗 CHIAO-HU-TOU
13. 慢栱 MAN-KUNG
14. 瓜子栱 KUA-TZǓ-KUNG
15. 泥道栱 NI-TAO-KUNG
16. 骑栿栱 CH'I-FU-KUNG
17. 昂 ANG
17a. 昂嘴 BEAK OF THE ANG
18. 华头子 HUA-T'OU-TZǓ
19. 华栱 HUA-KUNG, 抄 CH'AO
20. 檀斗 LU-TOU
21. 遮椽板 CHÊ-CH'UAN-PAN, RAFTER-HIDING [BOARD
22. 塘栿 BEAM
23. 阑额 LINTEL OR ARCHITRAVE
24. 柱 COLUMN
24a. 柱 TOP OF COLUMN
25. 櫍 CHIH
26. 柱础 BASE
26a. 盆唇 P'EN-CH'UN OR LIP
26b. 覆盆 FU-P'EN OR PAN
26c. 礩 PLINTH

斗栱及全建筑之各部均以材（如图中5,13,17等）或其分数或倍数为比例之度量单位。自檀斗出华栱或昂一层谓之一跳，斗栱出跳之数可自一跳至五跳不等有画以三跳（單杪雙下昂）為时。

THE PROPORTION OF EACH & ALL PARTS OF A BUILDING IS MEASURED IN TERMS OF THE TS'AI (5, 13, 17, ETC.), ITS MULTIPLES & FRACTION. EACH TIER OF CANTILEVER ARM, EITHER A HUA-KUNG (19) OR AN ANG (17), IS CALLED A T'IAO. A SET OF TOU-KUNG MAY BE MADE UP OF FROM 1 TO 5 T'IAOS. THE EXAMPLE HERE GIVEN IS ONE WITH 3 T'IAOS — 1 HUA-KUNG & 2 ANGS.

中國建築之 "ORDER" 斗栱,檐柱,柱礎   THE CHINESE "ORDER"

图三　中国建筑中的斗栱、檐柱、柱础

如屋檐、上层楼外的"平坐"（露台）、屋内的梁架，楼井和栏杆等。斗栱的装饰性很早就被发现了，不但在木结构上得到了巨大的发展，而且在砖石建筑上也普遍地应用，成为中国建筑中最显著的特征之一。从春秋战国（公元七二二—四八一）的铜器上，我们就看到有这种斗栱的图形。在四川的许多汉代（公元前二〇六—公元二二〇）石阙和崖墓中，也能看到这样的斗栱。

在朝鲜平安南道有些相当于我国晋朝时代的坟墓，墓中是用建筑的处理手法来装饰的。这些墓内有柱子，在旁边墙壁上画了斗栱。并在两斗栱间用"人字形栱"。北魏（公元三九八—五五〇）的云冈石窟，保存到今天，我们可以看到当时建筑的形状：三间的殿堂，八角形的柱子，柱头上边有斗栱，上面有椽有瓦。从这些古代各个时代留下来的实物中，我们知道我国古代的建筑很早就已形成了自己一套的做法和风格了。

我觉得建筑的各种做法的规则很像语言文字上的"文法"。文法有时候是不讲道理的东西。例如：俄文的名词有六个格，在字的尾巴上变来变去。我们的汉文就没有这些，但是表情达意也很清楚。为什么俄文字尾就要变来变去，汉文就不变，似乎毫无道理。可是它是由习惯发展来的、实际存在的一种东西。你要表达你的感情，说明问题，你就得用它。建筑上的各部分的处理也同文法一样，有一些一定的组合的惯例。几千年以来，各民族的建筑都不是一样的；即使大家都用柱子、梁和椽子，但各民族处理柱子、梁和椽等的方法一般地都不一样。每个民族的建筑形式虽然也随时代而有所不同，但总是有那么一个规则被遵循着。这种规则虽不断地发展，不是一成不变的，但基本特征总是传留下来，逐渐改变，从不会一下子就完全变了样。

在各民族的语言里都有许多意义相当的词，例如，英语里有"column"一词相当于我们的"柱"字的意思。在各国的建筑上也有许多构件具有同样的作用与意义，但是样子却不一样。有许多不同的建筑上的构件，有如各国语言中的字那样不同。把它们组织起来的方法也都不同，有如各国言语的文法不同。瓦坡、墙面、柱子、廊子、窗子和门洞组成了许多不同的建筑物，也很像由字写成不同的文章。但因为文法的不同，希腊的就和意大利的不同，意大利的又和我们的不同。总之各国的建筑都是各自为解决生活上不同的需要，反映着不同的心理特点和习惯，形成了自己的特征，并且逐渐发展而丰富起来的。

唐、宋和元的木构建筑

现在让我们把现在还存在的祖国历代的建筑提出几个典型的来看看。我们所已知道的中国最古的木建筑物是公元八五七年（唐）造的，就是山西五台山豆村镇的一所大寺院佛光寺的大殿，再过三年它就满一千一百年了（去年又发现了一座比它更古的，尚未调查）[1]。佛光寺大殿下面有很高的台基。殿正面是一列柱子，柱子之上由雄大的斗栱托着瓦檐，木构组织简单壮硕。上面是中国所特有的那种四坡屋顶，体形简朴而气魄雄壮。内部斗栱由柱头一层层地挑出来，承在梁底，使得梁的跨度减少，不但使结构安全，并且达到高度的艺术效果，真是横跨如虹。这种拱起来略有曲度的梁，宋以后称作"月梁"，大概是像一弯新月的意思。这里由柱头挑出来的斗是结构上的重要部分，但同时又是很美的装饰部分。这样工程结构和建筑上丰富的美感有机地统一着，是我们祖国建筑的优良传统。唐朝的佛光寺大殿的斗栱，和后代如明、清建筑上我们所常见的有何不同呢？第一，唐朝的尺寸大，和柱子的高度比起

---

[1] 指山西五台山南禅寺，后被确认为中国最古的木建筑。——编者注

来在比例上也大得多；并且只在柱头上用它，柱与柱之间横额上只有较小的附属的小组斗栱。这里只有向前出挑的华栱数层，没有横栱的做法，叫作"偷心"，这是宋以前结构的特点，能承托重量，显得雄壮有力。

北京以东约八十五公里蓟县独乐寺中的一座观音阁，是我们第二个最古的木建筑。这座建筑物比刚才的那座大殿规模更大，而在塑形上有生动的轮廓线，耸立在全城之上。看起来它是两层，实际上是三层的楼阁，巍巍然，翼翼然，和我们在唐宋画中所见的最接近。这是辽代的建筑实物。它的建筑年代是公元九八四年。它的木构全部高约22公尺，也是用了柱、梁和各式各样的斗栱所组织起来的大工程。里面主要是一尊十一面观音立像；三层楼是围绕着这立像而建造的，所以四周结构的当中留下一个井一样的地方。为了达到这样一个目的，在结构上就发生一系列需要解决的问题了。由于应用了各种能承重、能出挑的斗栱，就把各层支柱和横梁之间，支柱和伸出的檐廊部分之间的复杂问题解决了。这些斗栱是为了结构的需要被创造的，但同时产生了奇妙的、惊人的、富于装饰性的效果。

山西应县佛宫寺的木塔高66公尺，平面八角形，外表五层，内中包括暗楼四层，共有九层。这木塔建于辽代，再过三年它就够九百年的高龄了。它之所以能这样长期存在，说明了它在工程技术上的高度成就。在这个建筑上也应用了不同组合的斗栱来解决复杂的多层的结构问题。全塔共用了五十七种不同的斗栱。塔下部稍宽，上面稍窄，虽然建筑物是高峻的，而体形稳定，气象庄严。它是我国唯一的全木造的塔，又是最古的木结构之一，所以是我们的稀世之宝。

北宋木建筑遗物不多，山西太原晋祠圣母庙一组是现存重要建筑，建于公元十一世纪。建筑的标准构材比唐、辽的轻巧，外檐出挑仍很宽，但是斗栱却小了一些，每组结合得很清楚，形状很秀丽。全建筑轮廓线也柔和优雅，内部屋架上部很多部分都处理得巧妙细致。

宋画可作为研究宋代建筑的参考。它们虽然是画的，但有许多都非常准确，所有构件和它们的比例都画得很准确。黄鹤楼图就是其中一例。无疑的、宋代木建筑的艺术造形曾到达了极高的成就。河北正定龙兴寺宋或金初的摩尼殿，体形庞大，在造形方面与轻盈飞动的楼阁不同，结构方面都是很大胆的，总形象非常朴硕顽强。但同画中的黄鹤楼一样，这座殿的四面凸出的抱厦（即房屋前面加出的门廊）和向前的房山（即房屋两端墙上部三角形部分）

是宋代建筑的特征。这种特征唐代或已有，但没有在两宋时代普遍，宋以后就比较少见了。这是很美妙的一种建筑处理形式。

河北曲阳县北岳庙元朝建的德宁殿是一二六〇年建造的。我们看到建筑发展越来越细致。斗栱缩小了，但瓦部总保持着历来所特有的雄伟的气概。木构部分在宋以后所产生的柔和线条，这里也还保持着。但元朝是个经济比较衰落的时代，当时的统治者蒙古族是外族，进入中国后对汉族压迫剥削极重，所以建筑没有得到很大的发展，形象上比宋代的简单得多。

明和清的木构大建筑

明清的木构大建筑，北京故宫一组是最好的代表。北京故宫建筑的整体是明朝的大杰作，但大部都在清朝重建过，只剩几座大殿是例外。太和殿是一六九七年（清康熙时）重建的。它的后面的中和、保和二殿，都还是明朝的建筑。保和殿在明朝叫作建极殿，今天保和殿檐下牌子金字的底下还隐约可见"建极殿"的字样。这个紫禁城主要建筑群的位置，形成故宫和北京城的中轴线。在中轴的两旁还各有一条辅轴：左边是太庙（现在的文化宫），右边是社稷坛（现在的中山公园），两组都是极为美观的建筑组群。太庙的大殿在明朝原是九间，后来改成十一间。〔我们猜想这是清弘历（乾隆）为了给他自己的牌位预留位置而改变的。但这次改建不见记录，至今是个疑问。〕除大殿有可疑之处外，太庙的全组建筑都是明朝的遗物，工精料美，现在已成为劳动人民文化宫了，人民有权利享受我们祖先最好的劳动果实。右边的社稷坛（中山公园）以祭五谷的神坛为主体，附有两座殿。它们都是明初一四二〇年以前，即明成祖朱棣由南京迁都至北京以前所完成的。这是北京最古的两座殿堂。这两座殿就是现在公园里的中山堂和它的后面一殿，到现在它们都已经五百三十多年了，仍然完整坚固，一切都和新的一样。解放以后，它已成为北京市各界人民代表会议的会场。从前是封建主祭祀用的殿堂，现在却光荣地为人民服务了。这也说明有些伟大的建筑并不被时代所局限，到了另一时代仍能很好地为新社会服务。

现在我们不能不提到山东曲阜的孔庙。过去儒教在中国占有极大势力，孔庙是受到特殊待遇的建筑。曲阜的大成殿比起太和殿来要小些，它的前廊却用有极其华丽的雕龙白石柱子，在艺术方面使人得到另一种感觉。大成殿前大成门外的奎文阁是一五〇四年（明弘治时）的一座重层建筑物，和独乐寺辽代的观音阁属于同一类型，但在艺术造形上，它们之间是有差别的。奎文阁没有观音阁那样的豪放、雄伟和顽强的气概。这个时期的一般艺术和唐宋的相比，都显得薄弱和拘束。

除了故宫的宫殿以外，我们还可以看看北京外城的另一种纪念性建筑物。首先是天坛。天坛是庄严肃穆地祭天的地方，很大的地址上只盖了很少数的建筑物，这是它布局的特点。天坛肃穆庄严到极点，而明朗宏敞，好像真能同天接近。周围用美丽的红墙围着，北头是圆的，南头是方的，以象征"天圆地方"。内中一条中轴线上，最南一组是三层白石的圆台，叫作"圜丘"，是祭天的地方。北面有精致的圆墙围绕的一组建筑就是"皇穹宇"，是安放牌位的，后面沿石墁的甬道约六百公尺到祈年门、祈年殿和两配殿。此外除了一些斋宫、神库之外，就没有其他建筑，只有密茂的柏树林围绕着。这组建筑的艺术效果是和故宫大不相同的。苏联建筑专家阿谢普可夫教授来到北京以后，说过几句很有意思的话；"中国建筑有明确的思想性，天坛是天坛，北海是北海。"接着他解释说；"天坛，我愿意一个人去；北海，我愿意带我的小孩子去。"他的话说明了他对建筑体会得非常深刻：他愿意独自去天坛，因为那是个非常庄严肃穆的地方；他愿意带着小孩子去北海，因为北海的布局富有变化的情趣，是适宜于游玩的大花园。祈年殿、皇穹宇和圜丘不惟塑形极美，且因平面是圆的，所以在结构上是中国所少有的。

它们怎样发挥中国的结构方法，怎样运用传统的"文法"以灵活应付特殊条件，就更值得重视了。

中国建筑的特殊形式之一——塔

现在说到砖石建筑物，这里面最主要的是塔。也许同志们就要这样想了："你谈了半天，总是谈些封建和迷信的东西。"但是事实上在一个阶级社会里，一切艺术和技术主要都是为统治阶级服务的。过去的社会是封建和迷信的社会，当时的建筑物当然是为封建和迷信服务的；因此，中国的建筑遗产中，最豪华的、最庄严美丽的、最智慧的创造，总是宫殿和庙宇。欧洲建筑遗产的精华也全是些宫殿和教堂。

在一个城市中，宫殿的美是可望而不可即的，而庙宇寺院的美，人民大众都可以欣赏和享受。在寺院建筑中，佛塔是给人民群众以深刻的印象的。它是多层的高耸云霄的建筑物,全城的人在远的地方就可以看见它。它是最能引起人们对家乡和祖国的情感的。佛教进入中国以后,这种新的建筑形式在中国固有的建筑形式的基础上产生而且发展了。

在佛教未到中国以前,我们的国土上已经有过一种高耸的多层建筑物,就是汉代的"重楼"(图四)。秦汉的封建主常常有追求长生不老和会见神仙的思想;幻想仙人总在云雾缥缈的高处,有"仙人好楼居"的说法,因此建造高楼,企图引诱仙人下降。佛教初来的时候,带来了印度

图四 汉代画像石中的重楼与双阙

"窣堵坡"的概念和形象——一个座上覆放着半圆形的塔身，上立一根"刹"杆，穿着几层"金盘"。后来这个名称首先失去了"窣"字，"堵坡"变成"塔婆"，最后省去"婆"字而简称为"塔"。中国后代的塔，就是在重楼的顶上安上一个"窣堵坡"而形成的。

单层塔 云冈的浮雕中有许多方形单层的塔，可能就是中国形式的"窣堵坡"：半圆形的塔身改用了单层方形出檐，上起方锥形或半圆球形屋顶的形状。山东济南东魏所建的神通寺的"四门塔"就是这类"单层塔"的优秀典型。四门塔建于公元五四四年，是中国现存的第二古塔，也是最古的石塔。这时期的佛塔最通常的是木构重楼式的，今天已没有存在的了。但是云冈石窟壁上有不少浮雕的这种类型的塔（图五），在日本还有飞鸟时代（中国隋朝）的同型实物存在。

中国传统的方形平面与印度窣堵坡的圆形平面是有距离的。中国木结构的形式又是难以做成圆形平面的，所以唐代的匠师就创造性地采用了介乎正方与圆形之间的八角形平面。单层八角的木塔见于敦煌壁画，日本也有实物存在。河南嵩山会善寺的净藏禅师墓塔是这种仿木结构八角砖塔的最重要的遗物。净藏神师墓塔是一座不大的单层八

木塔 WOODEN PAGODA

图五　山西大同云冈石窟所表现的北魏木塔形式

角砖塔，公元七四五年（唐玄宗时）建。这座塔上更忠实地砌出木结构的形象，因此就更亲切地充满中国建筑的气息。在中国建筑史中，净藏禅师墓塔是最早的一座八角塔。在它出现以前，除去一座十二角形和一座六角形的两个孤例之外，所有的塔都是正方形的。在它出现以后约二百年，八角形便成为佛塔最常见的平面形式。所以它的出现在中国建筑史中标志着一个重要的转变。此外，它也是第一个用须弥座做台基的塔。它的"人"字形的补间斗栱（两个柱头上的斗栱之间的斗栱),则是现存建筑中这种构件的唯一实例。

重楼式塔　初期的单层塔全是方形的。这种单层塔几层重叠起来,向上逐层逐渐缩小,形象就比较接近中国原有的"重楼"了,所以可称之为"重楼式"的砖石塔。

西安大雁塔是唐代这类砖塔的典型。它的平面是正方的,塔身一层层地上去,好像是许多单层方屋堆起来的,看起来很老实,是一种淳朴平稳的风格,同我们所熟识的时代较晚的窈窕秀丽的风格很不同。这塔有一个前身。玄奘从印度取经回来后,在长安慈恩寺从事翻译,译完之后,在公元六五二年盖了一座塔,作为他藏经的"图书馆"。我们可以推想,它的式样多少是仿印度建筑的,在那时是个新尝试。动工的时候,据说这位老和尚亲身背了一筐土,绕行基址一周行奠基礼;可是盖成以后不久,不晓得什么原因就坏了。公元七〇一到七〇四年间又修起这座塔,到现在有一千二百五十年了。在塔各层的表面上,用很细致的手法把砖石处理成为木结构的样子。例如用砖砌出扁柱,柱身很细,柱头之间也砌出额枋,在柱头上用一个斗托住,但是上面却用一层层的砖逐层挑出(叫作"叠涩"),用以代替瓦檐。建筑史学家们很重视这座塔。自从佛法传入中国,建筑思想上也随着受了印度的影响。玄奘到印度取了经回来,把印度文化进一步介绍到中国,他盖了这座塔,为中国和印度古代文化交流树立了一座庄严的纪念物。从国际主义和文化交流历史方面看,它是个非常重要的建筑物。

属于这类型的另一例子,是西安兴教寺的玄奘塔。玄奘死了以后,就埋在这里;这塔是墓的标志。这塔的最下一层是光素的砖墙,上面有用砖刻出的比大雁塔上更复杂的斗栱,所谓"一斗三升"的斗栱。中间一部伸出如蚂蚱头。

资产阶级的建筑理论认为建筑的式样完全决定于材料,因此在钢筋水泥的时代,建筑的外形就必须是光秃秃的玻璃匣子式,任何装饰和民族风格都不必有。但是为什么我们古代的匠师偏要用砖石做成木结构的形状呢?因为几千年来,我们的祖先从木结构上已接受了这种特殊建筑构件的形式,承认了它们的应用在建筑上所产生的形象能表达一定的情感内容。他们接受了这种形式的现实,因为这种形式是人民所喜闻乐见的。因此当新的类型的建筑物创造出来时,他们认为创造性地沿用这种传统形式,使人民能够接受,易于理解,最能表达建筑物的庄严壮丽。这座塔建于公元六六九年,是现存最古的一座用砖砌出木结构形式的建筑。它告诉我们,在那时候,智慧的劳动人民的创造方法是现实主义的,不脱离人民艺术传统的。这个方法也就是指导古代希腊由木构建筑转变到石造建筑时所取的途径。中国建筑转成石造时所取的也是这样的途径。我们祖国一方面始终保持着木构框架的主要地位,没有用砖石结构来代替它;同时在佛塔这一类型上,又创造性地发挥了这方法,以砖石而适当灵巧地采用了传统木结构的艺术塑形,取得了光辉成就。古代匠师在这方面给我们留下不少卓越的范例,正足以说明他们是怎样创造性运用遗产和传统的。

河北定县开元寺的料敌塔也属于"重楼式"的类型,平面是八角形的,轮廓线很柔和,墙面不砌出模仿木结构形式的柱枋等。这塔建于公元一〇〇一年。它是北宋砖塔中重楼式不仿木结构形式的最典型的例子。这种类型在华北各地很多。

河南开封祐国寺的"铁塔"建于公元一〇四四年,也属于"重楼式"的类型。它之所以被称为"铁塔"是因为它的表面全部用"铁色琉璃"做面砖。我们所要特别注意的就是在宋朝初年初次出现了使用特制面砖的塔,如公元九七七年建造的开封南门外的繁塔和这座"铁塔"。而"铁塔"所用的是琉璃砖，说明一种新材料之出现和应用。这是一个智慧的创造，重要的发明。它不仅显示材料、技术上具有重大意义的进步而且因此使建筑物显得更加光彩，更加丰富了。

重楼式中另一类型是杭州灵隐寺的双石塔，它们是五代吴越王钱弘俶在九六〇年扩建灵隐寺时建立的。在外表形式上它们是完全仿木结构的，处理手法非常细致，技术很高。实际上这两"塔"仅各高十公尺左右，实心，用石雕成，应该更适当地叫它们作塔形的石幢。在这类型的塔出现以前，砖石塔的造形是比较局限于砖石材料的成规做法的。这塔的匠师大胆地用石料进一步忠实地表现了人民所喜爱的木结构形式，使佛塔的造形更丰富起来了。

完全仿木结构形式的砖塔在北方的典型是河北遂县的双塔。两座塔都是砖石建筑物，其一建于公元一〇九〇年（辽道宗时）。在表面处理上则完全模仿应县木塔的样式，只是出檐的深度因为受材料的限制，不能像木塔的檐那样伸出很远；檐下的斗栱则几乎同木构完全一样，但是挑出稍少，全塔就表现了砖石结构的形象，表示当时的砖石工匠怎样纯熟地掌握了技术。

密檐塔　另一类型是在较高的塔身上出层层的密檐，可以叫它作"密檐塔"。它的最早的实例是河南嵩山嵩岳寺塔。这塔是公元五二〇年（南北朝时代）建造的，是中国最古的佛塔。这塔一共有十五层，平面是十二角形，每角用砖砌出一根柱子。柱子采用印度的样式，柱头柱脚都用莲花装饰。整个塔的轮廓是抛物线形的。每层檐都是简单的"叠涩"，可是每层檐下的曲面也都是抛物线形的。这是我们中国古来就喜欢采用的曲线，是我国建筑中的优良传统。这塔不惟是中国现存最古的佛塔，而且在这塔以前，我们没有见过砖造的地上建筑，更没有见过约四十公尺高的砖石建筑。这座塔的出现标志着这时期在用砖技术上的突进。

　　和这塔同一类型的是北京城外天宁寺塔。它是公元一〇八三年（辽）建造的。从层次安排的"韵律"看来，它与嵩岳塔几乎完全相同，但因平面是八角形的，而且塔身砌出柱枋，檐下用砖做成斗栱，塔座做成双层须弥座，所以它的造形的总效果就与嵩岳寺塔迥然异趣了。这类型的塔至十一世纪才出现，它无疑的是受到南方仿木结构塔的影响的新创造。这种特殊形式的密檐塔，较早的都在河北省中部以北，以至东北各省。当时的契丹族的统治者因为自己缺少建筑匠师，所以"择良工于燕蓟"（汉族工匠）进行建造。这种塔型显然是汉族的工匠在那种情况之下，为了满足契丹族统治阶级的需求而创造出来的新类型。它是两个民族的智慧的结晶。这类型的塔丰富了中国建筑的类型。

属于密檐塔的另一实例是洛阳的白马寺塔，是一一七五年（金）的建筑物。这塔的平面是正方形的；在整体比例上第一层塔身比较矮，而以上各层檐的密度较疏。塔身之下有高大的台基，与前面所谈的两座密檐塔都有不同的风格。在十二世纪后半，八角形已成为佛塔最常见的平面形式，隋唐以前常见的正方形平面反成为稀有的形式了。

瓶形塔 另一类型的塔，是以元世祖忽必烈在一二七一年修成的北京妙应寺（白塔寺）的塔为代表的"瓶形塔"或喇嘛塔。这是西藏的类型。元朝蒙古人把喇嘛教从西藏经由新疆带入了中原，同时也带来了这种类型的塔。这座塔是中国内地最古的喇嘛塔，在修盖的当时是一个陌生的外来类型，但是它后来的子孙很多，如北京北海的白塔，就是一个较近的例子。这种塔下面是很大的须弥座，座上是覆钵形的"金刚圈"，再上是坛子形的塔身，称为"塔肚子"，上面是称为"塔脖子"的须弥座，更上是圆锥形或近似圆柱形的"十三天"和它顶上的宝盖、宝珠等。这是西藏的类型,而是蒙古族介绍到中原地区来的,因此它是蒙、藏两族对中国建筑的贡献。

台座上的塔群 北京真觉寺(五塔寺)的金刚宝座塔是中国佛塔的又一类型。这类型是在一个很大的台座上立五座乃至七座塔,成为一个完整的塔群。真觉寺塔下面的金刚宝座很大,表面上共分为五层楼,下面还有一层须弥座。每层上面都用柱子做成佛龛。这塔型是从印度传入的。我们所知道最古的一例在云南昆明,但最精的代表作则应举出北京真觉寺塔。它是一四九三年(明代)建造的,比昆明的塔稍迟几年。北京西山碧云寺的金刚宝座塔是清乾隆年间所建,座上共立七座塔,虽然在组成上丰富了一些,但在整体布置上和装饰上都不如真觉寺塔的朴实雄伟。

明朝砖石建筑的新发展

在砖石建筑方面,到了明朝有了新的发展。过去,木结构的形式只运用到砖石塔上,到了明朝,将木结构的形式和砖石发券结构结合在一起的殿堂出现了。山西太原永祚寺(双塔寺)的大雄宝殿,以及五台山、苏州等地的所谓

"无梁殿"和北京的皇史宬、三座门等都属于这一类。从汉朝起,历代匠师们就开始在各类型的砖石建筑上表现木结构的形式。在崖墓里,在石阙上,在佛塔上,最后到殿堂上,历代都有新的创造,新的贡献,使我们的建筑逐步提高并丰富起来。清朝也有这类型的建筑,例如北京香山静宜园迤南的无梁殿,乃至一些琉璃牌坊,都是在这方向下创造出来的新类型。

世界上最早的空撞券大石桥——赵州桥

我国隋朝的时候,在建筑技术方面出现了一项伟大的成就,即民歌《小放牛》里面所歌颂的赵州桥(图六)。"小放牛"里说赵州桥是"鲁班爷"修的,说明古代人民已把它的技巧神话化了,其实这桥并不是鲁班修的,而是隋朝的匠人李春建造的。它是一座石造的单孔券大桥,到现在已有一千三百多年了,仍然起着联系洨水两岸的作用。这桥的单孔券不但是古代跨度最大的券(净跨37.47公尺),而且李春还创造性地在主券两头各做了两个小券,那就是近代叫作"空撞券"的结构。在西方这样的空撞券桥的初次出现是在一九一二年,当时被西方称颂为近代工程上的新

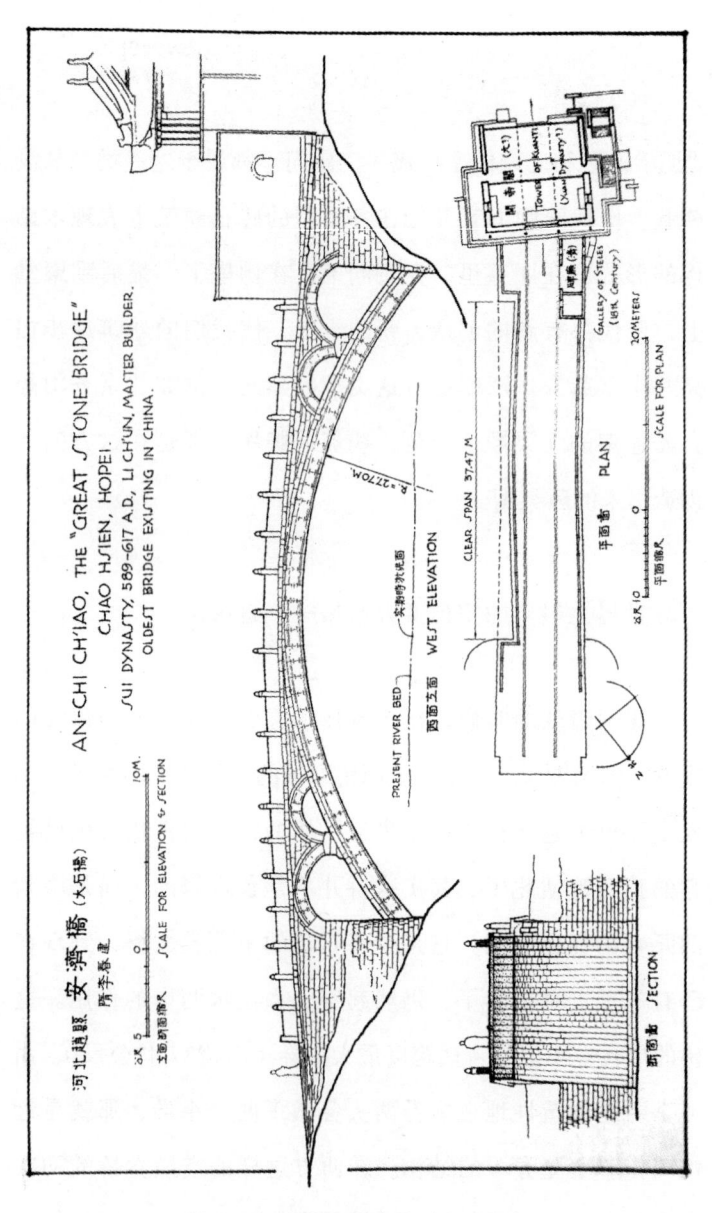

图六 河北赵县安济桥（赵州桥）

创造。其实在一千三百年前就有个李春在中国创造了。无论在材料的使用上、结构上、艺术造型上和经济上，这桥都达到了极高的成就。它说明到了隋朝，造桥的科学和艺术已经有了悠久的传统，因此才能够创造出这样辉煌的杰作。

中国古代的伟大建筑工程之一——长城

我们不能不提到长城，因为它是中国古代的伟大建筑工程之一。西起甘肃安西县，东抵河北山海关，在绵延二千三百公里的崇山峻岭和广漠的平原上，它拱卫着当时中国的边疆。它是几百万甚至近千万的劳动人民在长时期中用自己的生命和血汗所造成的，二千年来，它在中国历史的演变过程中曾起过一定的作用。它那壮伟朴实的躯体，踞伏在险要的起伏的山脊上，是古代卓越的工程技术和施工效能的具体表现，同时它本身也就成为伟大的艺术创造，不仅是一堆砖石而已。原来的长城是用黄土和石块筑造的，现在河北、山西北部的一段砖石的城则是明中叶重修的。这一段所用的砖是大块精制的"城砖"。这一次的重修正反映了东北满族威胁的加强，同时也使我们认识到这时期造砖的技术和生产效率已经大大提高了。

中国古代的城市建设

现在我们要谈谈祖国古代的城市建设。从古时我们的城市建设就是有计划的。有计划的城市是我们祖国可宝贵的传统。按照《周礼·考工记》所说,天子的都城有东西向和南北向的干道各九条,即所谓"九经九纬";南北干道要同时能并行九辆车子,规模是雄伟的。因为它是封建社会的产物,当然反映封建制度的要求,所以规定大封建主的宫殿在当中,前面是朝廷,后面是老百姓居住和交易的地方,左边是祖宗神庙,右边是土地农作物的神坛。按着这样的制度进行规划,就成了中国历代首都的格式。

唐朝的长安是隋朝开始建造的,在隋朝叫作大兴城,也是参照《周礼》上这个原则布置下来的。它是历史上规模最宏伟的一个城市。长安城也规划成若干条经纬街道,北部的中央是宫城和皇城所在地。皇城是行政区,宫城是大封建主住的地方。皇城的东面有十六个王子居住的"十六宅"。这些都偏在北部。城的南部是老百姓住的地方,而在适中的地点有东西两个市场,也可以说那就是长安城的两个主要的商业区,城的东南角有块洼地,名曲江,风景极好，就成了长安的风景区和"文娱中心"了。诗人杜甫曾在许多的诗中提到它。我们今天所理解到的是：这个城不仅很有规划条理，而且是历史上最早的有计划地使用土地的城市，反映出当时种种的社会生活和丰富的文化。

驰名世界的古城——北京

我们祖国另外一个驰名世界的伟大的城市是元朝的大都，它就是今天的北京的基础。我们在这个城市也看到所谓"面朝背市"的格局：前面是皇宫，后面是什刹海，以前水运由东边入城，北上到什刹海卸货，什刹海的两岸是市集中心。但在明朝扩大建设北京的时候，城北水路已淤塞，前面城墙又太近，宫前没有足够的建造衙署的地方，就改建了北面的城墙，南面从长安街一线向南推出去，到了今天正阳门一线上，让商市在正阳门外发展。这样就把元朝这个城市很彻底地改造了。经过清朝的修建，这个城现在仍是驰名世界的一个伟大的古城。我们为这个城感到骄傲，因为它具体地表现了我们民族的气魄，我国劳动人民的智慧和我国高度发展的文化。

这个城有从永定门到钟楼和鼓楼的一条笔直的中轴线，

它是世界上一种艺术杰作。这条轴线共有八公里长，中间一组又一组的纪念性大建筑，东西两边街道基本上是对称的，庄严肃穆，是任何大都市所少有的大气魄。西边有湖沼——"三海"，格局稍有变化，但仍取得均衡的效果。这湖沼园林的安排又是一种艺术杰作。当你从两旁有房屋的街道走到三海附近，你就会感到一个突然的转变，使你惊喜。例如我们从文津街走到了北海玉带桥，在这样一个很热闹的城市里，突然一转弯就出来了一个湖波荡漾、楼阁如画、完全出人意外的景色，怎能不令人惊奇呢？不过当时它是皇宫的一部分，很少人能到那里玩赏，今天它成了全民所有的绿化区了。

这个城市的主要特点之一是道路分工明确——有俗语所说的"大街小巷"之别。我们每天可以看见大量的车辆都在大干线上跑，住宅都布置在安静的胡同里。这样的规划是非常科学的。

我们试将中国的建筑和绘画在布局上的特征和欧洲的做一个比较。我觉得西方的建筑就好像西方的画一样，画面很完整，但是一览无遗，一看就完了，比较平淡。中国的建筑设计，和中国的画卷，特别是很长的手卷很相像：用一步步发展的手法，把你由开头领到一个最高峰，然后再慢慢地收尾，比较得有层次，而且趣味深长。北京城这条中轴线把你由永定门领到了前门和五牌楼，是一个高峰。过桥入城，到了中华门，远望天安门，一长条白石板的"天街"，止在天安门前五道桥前，又是一个高峰。然后进入皇城，过端门到达了午门前面的广场。到了这里就到了又一个高峰。在这里我们忽然看见了紫禁城，四角上有窈窕秀丽的角楼，中间五凤楼，金碧辉煌，皇阙嵯峨的形象最为庄严。进入午门又是广场，隔着金水河白石桥就望见了太和门。这里是另一高峰的序幕。过了太和门就到达一个最高峰——太和殿。这可以说是这副长"手卷"的中心部分。由此向北过了乾清宫逐渐收场，到钦安殿、神武门和景山而渐近结束。在鼓楼和钟楼的尾声中，就是"画卷"的终了。

　　北京城和故宫这样的布局所造成的艺术效果是怎样的呢？当然是气势雄伟，意义深刻的。故宫在以前不是博物院，而是封建时代象征最高统治者的无上权威的地方——皇帝的宫殿。过去的统治阶级是懂得利用建筑的艺术形象为他们的统治服务的。汉高祖刘邦还在打仗的时候，萧何已为他修建了未央宫。刘邦曾发脾气说，战争还未完，那样铺张浪费干什么？萧何却不这么看，他说："天子以四海为家，非令壮丽无以重威"。这就说明萧何知道建筑艺术是有政治意义的。又如吴王夫差为了掩饰战败，却要"高其台榭以鸣得志"，建筑也被他用作外交上的幌子了。

北京的城市和营殿正是有计划的、有高度思想性和艺术性的建筑，北京全城的总体的完整性是世界都市计划中的卓越的成就。

中国造园艺术的发展

造园的艺术在中国很早就得到发展。传说周文王有他的灵囿，内有灵台和灵沼。园内有麋鹿和白鹤，池内有鱼。从秦始皇嬴政以来，历代帝王都为自己的享乐修筑了园林。汉武帝刘彻的太液池有"蓬莱三岛""仙山楼阁"、柏梁台、金人捧露盘等求神仙的园林建筑和装饰雕刻。宋徽宗赵佶把艮岳万寿山和金明池修得穷极奢侈，成了导致亡国的原因之一。今天北京城内的北海、中海和南海，是在十二世纪（金）开始经营，经过元、明、清三朝的不断增修和改建而留存下来的。无疑地它继承了汉代"仙山楼阁"的传统，今天北海琼华岛上还有一个"金人捧露盘"的铜像就可证明这点。北海的艺术效果是明朗、活泼，是令人愉快的。

著名的圆明园已在一八六〇年（清咸丰时）被英、法侵略者所焚毁了。封建帝王营建园苑的最后一个例子就是北京西北郊的颐和园。颐和园也是一个有悠久历史的园子。由于天然湖泊和山势的秀美，从元朝起，统治阶级就开始经营和享受它了。今天颐和园的面貌是清乾隆时代所形成，而在那拉氏（西太后）时代所重建和重修的。

颐和园以西麓下的天然山水——昆明湖和万寿山——为基础。在布局上以万寿山为主体，以昆明湖为衬托。从游览的观点来说，则主要的是身在万寿山，面对昆明湖的辽阔水面；但泛舟游湖的时候则以万寿山为主要景色。这个园子是专为封建帝王游乐享受的，因此在格调上，一方面要求有山林的自然野趣，但同时还要保持着气象的庄严。这样的要求是苛刻的，但是并没有难倒了智慧的匠师们。

那拉氏重修以后的颐和园的主要入口在万寿山之东，在这里是一组以仁寿殿为主的庄严的殿堂，暂时阻挡着湖山景色。仁寿殿之西一组——乐寿堂，则一面临湖，风格不似仁寿殿那样严肃。过了这两组就豁然开朗，湖山尽在眼界中了。由这里，长廊一道沿湖向西行，山坡上参差错落地布置着许多建筑组群。突然间，一个比较开阔的"广场"出现在眼前，一群红墙黄瓦的大组群，依据一条轴线，由湖岸一直上到山尖，结束在一座八角形的高阁上。这就是排云殿、佛香阁的组群,也是颐和园的主要建筑群。这条轴线也是园中唯一的明显的主要轴线。

由长廊继续向西,再经过一些衬托的组群,即到达万寿山西麓。

由长廊一带或万寿山上都可瞭望湖面,因此湖面的对景是极重要的。设计者布置了涵远楼(龙王庙)一组在湖面南部的岛上,又用十七孔白石桥与东岸衔接,而在西面布置了模仿杭州西湖苏堤的长堤,堤上突然拱起成半圆形的玉带桥。这些点缀构成了令人神往的远景,丰富了一望无际的湖面和更远处的广大平原。这样的布置是十分巧妙的。

由湖上或龙王庙北望对岸,则见白石护岸栏杆之上,一带纤秀的长廊,后面是万寿山、排云殿和佛香阁居中,左右许多组群衬托,左右均衡而不是机械地对称。这整座山和它的建筑群,则巧妙地与玉泉山和西山的景色组成一片,正是中国园林布置中"借景"的绝好样本。

万寿山的背面则苍林密茂,碧流环绕,与前山风趣形成强烈的对比。

我们可以说,颐和园是中国园林艺术的一个杰作。

除去这些封建主独享的规模宏大的御苑外,各地地主、官僚也营建了一些私园：其中江南园林尤为有名，如无锡惠山园、苏州狮子林、留园、拙政园等都是极其幽雅精致的。这些私园一般只供少数人在那里饮酒、赋诗、听琴、下棋，充分地反映了它们的阶级性；但是其中多有高度艺术的处理手法和优美的风格。如何批判吸收，使供广大人民游息之用，就是今后园林设计者的课题了。

中国的陵墓建筑

我们在谈中国建筑的时候，不能不谈到陵墓建筑。

殷墟遗址的发掘，证明三千五百年前的奴隶主就已为自己建造极其巨大的坟墓了。陕西咸阳一带，至今还存在着几十座周、汉帝王的陵墓，都是巨大的土坟包。四川许多山崖石上凿出的"崖墓"，说明在汉代坟墓内部已有很多采用了建筑性的装饰。斗栱、梁、枋等都刻在墓门及墓室内部。四川、西康、山东等地的汉墓前多有石阙和石兽。南朝齐、梁帝王的陵墓，则立石碑、神道碑（略似明、清的华表）和天禄、辟邪等怪兽。唐朝帝陵规模极大，陵前多精美的雕刻，其中如唐太宗李世民的昭陵前的"六骏"，是古来就著名的。

明朝以来，采用了在巨大的"宝城""宝顶"之前配合壮丽的建筑组群的方法，其中最杰出的是河北昌平县[①]明"十三陵"。

长陵（明成祖朱棣的陵）依山建造，前面有一条长八公里以上的神道，以宏丽的石碑坊开始；其中一段，神道两旁排列着石人石兽，长达八百余公尺。经过若干重的门和桥，到达长陵的稜恩门，门内主要建筑有稜恩殿，大小与故宫太和殿相埒。殿后经过一些门和坊来到宝顶前的"方城"和"明楼"，最后是巨大的宝顶，再后就是雄伟的天寿山——燕山山脉的南部。全部布置和个别建筑的气魄都是宏伟无比的。这个建筑的整体与自然环境的配合，对自然环境的利用，更是令人钦佩的大手笔。

点缀性的建筑小品

在都市的街道、广场或在殿堂的庭院中，往往有许多点缀性的建筑或雕刻。这些点缀品，如同主要建筑一样，不同的民族也各有不同的类型或风格。在中国，狮子、影壁、华表、牌坊等是我们常用的类型，有我们独特的风格。

---

① 今北京昌平区。——编者注

在别的国家也有类似的东西。例如罗马的凯旋门，同我们的琉璃牌坊基本上就是相同的东西，列宁格勒涅瓦河岛尖端上那对石柱就与天安门前那对华表具有同一功用。石狮子不惟中国有，在欧洲，在巴比伦，它们也常常出现在门前。从这些点缀性建筑"小品"中，我们也可以看到每一个时代、每一个民族都有自己的风格来处理这些相似的东西。

侵略势力把欧洲建筑带到中国来了

随同欧洲资本主义的发展，欧洲的传教士把他们的建筑带到东方来了。十八世纪中叶，郎世宁为弘历（乾隆帝）设计了圆明园里的"西洋楼"，以满足大封建主的猎奇心理。这些建筑是西式建筑来到中国的初期实例。一八六〇年，英、法侵略军攻入北京，这几座楼随同圆明园一起遭到悲惨的命运。郎世宁的"西洋楼"虽然采取的是意大利文艺复兴后期的形式，但由于中国工人的创造和采用中国琉璃的面饰，取得了很新颖的风格。

一八四〇年鸦片战争以后，帝国主义侵略以征服者的蛮横姿态，把他们的建筑生硬地移植到中国的土地上来。

完全奴化了的官僚、地主和买办们，对它无条件地接受，单纯模仿，在上海、广州、天津那样的"通商口岸"，那些硬搬进来的形形色色的建筑，竟发育成了杂乱无章的"丛林"；而且甚至传播到穷乡僻壤。解放前一个世纪中，中国土地上比较重要的建筑都充分地表现了半殖民地的特征，那些"通商口岸"的建筑更是其中的典型例子。

我们将来的建筑向哪个方向走

读者也许在想，这里所说的好建筑尽是过去的东西，但是我们将来的建筑应该向哪个方向走呢？毛主席早已给我们指出了方向，《新民主主义论》中"民族的、科学的、大众的文化"一节就是我们行动的指南。那也就是斯大林同志为全世界文艺工作者，包括建筑工作者，所指出的"民族的形式，社会主义的内容"的总方向。苏联各民族的建筑师们在斯大林时代的创作，就是以民族形式来表达社会主义内容的最好的范本。

毛主席在《新民主主义论》中指出了中国过去百年来文化的特征后，指示我们说："我们要革除的，就是这种殖民地、半殖民地、半封建的旧政治、旧经济和那为这种旧政治、旧经济服务的旧文化。而我们要建立起来的，则是与此相反的东西，乃是中华民族的新政治、新经济和新文化。"（《毛泽东选集》六三六页）。毛主席不惟给我们提出了方向，而且给我们指示了我们所要达到的目标和达到这目标的方法。毛主席说："这种新民主主义的文化是民族的。它是反对帝国主义压迫，主张中华民族的尊严和独立的。它是我们这个民族的，带有我们民族的特性。它同一切别的民族的社会主义文化和新民主主义文化相联合，建立互相吸收和互相发展的关系，共同形成世界的新文化；但是决不能和任何别的民族的帝国主义反动文化相联合，因为我们的文化是革命的民族文化。"（《毛泽东选集》六七八页）。我们要求我们的新建筑在艺术造形上，无论远看、里看、外看，都明确而肯定地，而不是似是而非和若有若无地"是我们这个民族的，带有我们民族的特性"。就是要我们的建筑应该能够"把对祖国的具体感觉传达给人"。但是这些建筑绝对不是一座座已经造成的坛、庙、宫殿的翻版，而是从它们传统的艺术造形的基础上发展而来的。在发展的过程中，必须"剔除其封建性的糟粕，吸收其民主性的精华"，同时吸收了外国建筑的先进科学技术以及他们的艺术造型中的"我们用得着的东西"。

更重要的是我们的新建筑是为广大劳动人民服务的。为了满足劳动人民不断增长的物质的和文化的需要，我们需要创造许多中国历史中从来未有过的建筑类型，如工厂、学校、医院和文化宫等。它们将有个共同的特征，就是全面地表达对人的关怀。那就是说，这些建筑的内容必须是社会主义的。

我们新中国的建筑必须是具有民族形式和社会主义内容的建筑。

我们应该怎样承受祖国的建筑遗产

读者们也许要问，在中国古代建筑中，什么是精华，什么是糟粕呢？我们将怎样处理它们呢？

在这问题上，我们首先应该分清楚承受历史遗产和创造新的建筑两者之间的区别。

例如我们今天承受了明、清两朝的故宫，是承受了封建时代的一件建筑杰作，如同我们承受了《水浒传》和《红楼梦》那样的封建时代的文学杰作一样。我们承受它们，是作为一件件完整的杰作而承受的。通过它们，我们可以了解当时社会的生活，看见当时劳动人民怎样在当时的条件下创造为当时社会所要求的建筑和表现那时代的思想，以及当时的各种艺术和技术的成就。因此我们必须用历史观点珍惜和爱护它们原来的整体。

但当我们为了创造新的建筑而研究那些遗产时，我们就要批判地去吸收它们的某些优良部分，而剔除其糟粕。一般地说来，它们的糟粕主要在其内容，在其阶级局限性，其次是古代的落后的工程技术所带来的缺点。再以北京故宫为例：它是为专制的皇帝服务的。午门和太和、中和、保和三殿的一组是为了在朝贺时表现封建主在"万人之上"的尊严而设计的。它有明确的思想内容——为封建统治者服务。但是它却极其成功地表达了这思想内容。它以笔直的中轴线，左右均齐的对称，鲜明壮丽的色彩和壁垒森严的墙垣等取得了这效果。在今天，为了广大人民的需要，为了表达人民的力量，中轴线和对称的布置，壮丽的彩画都是可以吸收利用的。但是那种层层包围的防御性的墙垣就不应再用在人民的建筑上。至于装饰图案中用以象征帝王或迷信的题材是我们的新建筑中所用不着的。山、水、云霞、卷草、花朵之类的花纹，我们可以加以发展而利用。至于历代劳动人民总结经验而创造出来的处理构件的手法——"法式"，即建筑的"文法"，已成为千百年来人民所喜见乐闻的表现方式。用它们的组合所构成的形象，是我们中华民族所喜爱、所熟识、所理解的，并引为骄傲的艺术。我们必须应用它，发展它，来表达我们民族的思想和情感。

中国古代的建筑材料有许多是很好的。例如屋顶的瓦，特别是琉璃瓦，不惟坚固耐用，百年如新，具有优良的去水、隔热的性能，而且颜色鲜艳，所组成的瓦陇和坡面又是很美的艺术造型，但这种瓦的传统制法仍是原始的手工业方式的。敷瓦的方法也是用很厚的泥背整托，以致增加了梁架上的荷重；这一切不惟结构不合理，且使建筑造价提高。在瓦形的设计方面也有一些缺点，而易使接缝的地方杂草孳生。因此我们如果要发展它，我们的任务就在于设计可以挂在挂瓦条上而不用泥背的瓦，使重量减轻，不生杂草。同时使它的生产机械化，能在工厂中大量制造，并且便于输送到工程地。这就是剔除其糟粕而吸收并发展其精华的办法。

又如古代建筑常常使用精美的雕砖，这些装饰性的砖也是可以用模子压出在工厂中预制的。汉朝的制砖工人发明制造画像砖的方法，他们已在二千年前为我们指示了途径，这是值得我们学习的好范本，问题是在怎样在古法的基础上发展它的优点。

我们不能在此一一分析中国建筑的一切优点和缺点，而且既不可能也不应该机械地将一切都划分为优点或缺点。我们必须先研究我国的建筑遗产，掌握了它的规律，熟识了它的许多特征，在创作过程中加以灵活运用。我们还须注意，同一东西用在这里可以是"精华"；用在那里可能成为"糟粕"。例如彩画的斗栱和雕花的白石栏杆，用在一座大戏院门口可以增加壮丽，若在一般建筑物上到处都用就会显得烦琐复杂，过分铺张，即使是美丽的斗栱和白玉栏杆也就被连累成为"糟粕"了。

新中国的新建筑必须从实际创作中产生出来，而且必须经过一段相当长的摸索时期。这时期的长短，决定于我们对于建筑艺术——一种反映我们这个时代的艺术——的认识，而这个认识取决于我们的思想水平。所以对于一个建筑工作者，马列主义的学习是首要的工作。

其次，这时期的长短决定于我们对于民族建筑传统和规律的掌握的迟速。不掌握规律，不精通，不熟悉，只是得到皮相，或生吞活剥地临时抄袭和硬搬，就难有成就。所以努力向祖国建筑遗产学习是创作的一个先决条件。

新中国建筑师的任务

西方建筑在从封建社会转入资本主义社会以后,已有了几百年发展的历史。十九世纪以来科学技术方面的成就为建筑创造了发展的条件。中国在十九世纪中叶由封建社会转入半封建半殖民地社会,在科学技术方面,我们落后于西方国家。这情况已经不可掩饰地反映在这百余年中的建筑上。

为了满足广大人民不断增长的物质和文化需要,我们不可能再停留在手工业的生产方式中。我们必须采取标准化的设计,材料和构件的制造必须工厂化,施工则必须机械化。但这"三化"的基础在于我们国家的工业化。建筑方面的建设是不可能超越经济建设的进度而突进的。因此我们建筑工作者目前的任务乃在为重工业服务。而社会主义的工业建筑不仅是厂房、车间的建筑,而且包括工人的居住、文娱、学习、休息的建筑以及公园、广场等。一个二万工人的工厂,连同为工人服务的商店、学校、医院、剧院……中的工作人员,城市行政人员以及他们的眷属,就是一个接近十万人的中等城市。所以为重工业服务也必须建造大量的民用建筑；而民用建筑的大量建造必须先有重工业的基础。建筑工作者必须更深入地学习国家过渡时期的总路线，精通我们的艺术和技术，随同国民经济的进展而稳步前进。过去两年的事实证明，广大人民对于建筑的要求一天比一天提高，对于民族形式的要求也一天比一天迫切；我们若不掌握民族遗产的传统和规律，我们就将落后于人民在这方面的要求。

解放以后，我们的许多建筑师还沉溺在过去半封建半殖民地的思想意识中，已为祖国造成了许多不足以反映这伟大时代的建筑。幸而由于苏联专家的帮助，使我们认识到建筑的思想性、艺术性和民族性（乃至地方性）的重要，从而更深入地学习了毛主席的著作，特别是毛主席关于文艺思想的著作，更认真地学习了苏联先进经验，提高了我们的思想认识。

我们的服务对象是广大人民。我们不再只设计一两座"公馆""别墅""银行""公司"，而是整条街道、整个街坊和整个城市。我们必须面向工农兵，体验他们的生活，了解他们在物质和精神生活上的需要，以近代科学技术上的一切成就，以他们喜闻乐见的形式，为他们创造适宜于生产用的和生活用的物质环境，而我们创造出来的物质环境，又必须是能鼓舞人民群众热爱祖国，鼓舞他们向社会主义的方向努力奋斗的艺术创作。我们的事业是全民的事业。我们的任务是无比光荣的，同时也极其艰巨的。

毛主席告诉我们："清理古代文化的发展过程，剔除其封建性的糟粕，吸收其民主性的精华，是发展民族新文化，提高民族自信心的必要条件。"但清理古代文化不是少数所谓"建筑史专家"的事情。他们的力量有限，过去虽然曾做了一些工作，但是很不够。我们今天对祖国建筑的知识还是很肤浅的。必须全国的建筑师随时随地地向遗产学习，调查、分析和总结出来，我们的知识才可能逐渐积累起来，丰富起来，为我们的创造打下基础。

两张想象中的建筑图

最后，让我提出两张想象中的建筑图，作为在我们开始学习运用中国古典遗产与民族传统的阶段中所可能采用的一种方式的建议。这两张想象图，一张是一个较小的十字路口小广场（图七），另一张是一座高约三十五层的高楼（图八）。在这两张图中，我只企图说明两个问题：

第一，无论房屋大小，层数高低，都可以用我们传统

图七　十字路口的小广场

图八　三十五层高楼

的形式和"文法"处理。

第二,民族形式的取得首先在建筑群和建筑物的总轮廓,其次在墙面和门窗等部分的比例和韵律,花纹装饰只是其中次要的因素。

这两张图都不是任何实际存在的设计,只是形象处理的一种建议。我们在开始的阶段掌握了祖国建筑的规律,将来才有可能创造出更新的东西来。这样做法是否正确,希望同志们给予批评。

我还希望广大群众肯定地承认建筑是一种重要的艺术,而不仅仅是工程。我们建筑师希望大家关心建筑——认识它,监督它,批评它,如同大家对于文学、戏剧、音乐、绘画和雕塑所给予的关心一样。新中国的建筑师们有权要求广大群众给我们以监督和批评,指出建筑创作中的缺点和错误,鼓励正确的创作。必须得到群众的帮助,建筑师才可能创造出民族的、科学的和大众的建筑。

第二章

古建序论①
——在考古工作人员训练班讲演记录

梁思成（林徽因整理）

古建序论主要的内容是"为什么和如何为广大的劳动人民保护祖国伟大灿烂的建筑遗产"。

我们人民的中国三年来的伟大成就，使资本主义国家已惊异不已，我们建设的力量是他们所不能想象的。有一次印度文化访问团的一位考古学家曾问我："目前中国的考古人员大概没有什么事情可做吧？"我回答他说："恰恰相反，现在我们正在各处建设，进行庞大的工程，如修铁路和兴水利工程，发现古坟古物的报告不断地来到，正急待政府派专人去保管与整理，考古人员供不应求。从前的考古工作者孤独地在象牙塔里钻牛角尖，无人过问，也无人关心，现在的考古人员的工作是配合着全国人民文化的需要而推进着，并且迅速发展着。"这样事实的回答，使他恍

---

① 本文原载《文物参考资料》1953年第3期，署名"梁思成讲，林徽因整理"。

然有所觉悟。毛主席早曾说过:"随同经济建设的高潮,必将同时出现一个文化建设的高潮。"文化建设是紧追着经济建设而来的,如影随形。整理民族古代文化遗产是发展新文化的必要条件,在文化建设的前夕而急需考古人员,正说明这一点。考古工作本身就是文化建设的一部分。经济建设正在蓬勃发展的时候,文化建设不可能不也欣欣向荣,有了新生命。今天我们这样迫切地需要这方面的大量技术人员,已开始举办考古工作人员训练班,就证明我们文化的新生命的到来,这意义是非常重大的。

有一次,来北京的英国访问团中有一位建筑师,他就告诉我:他一到了北京,就看到天安门、端门、午门等文物建筑正在大事修理,这就使他具体地了解到中国人民政权的方向和力量。在英国他所听到的都是说中国共产党要摒弃本国的一切旧文化,到了中国他才知道事实正和这种宣传相反;在中国一切都在原有的基础上发展起来,中国人民珍视他们祖先的丰富的遗产。你们看!我们的初步的文化工作就在国际上起极大的作用,使全世界知道我们是爱好和平,并有高度文化的民族。就能证明我们新制度不但是符合于本国人民的利益,并且是符合全世界的和平人民的利益的;因为给人类带来幸福的就是和平与文化。

在讲为什么我们要保存过去时代里所创造的一些建筑物之前，先要明了：建筑是什么？

最简单地说，建筑就是人类盖的房子，为了解决他们生活上"住"的问题。那就是：解决他们安全食宿的地方，生产工作的地方和娱乐休息的地方。"衣、食、住"自古是相提并论的，因为它们都是人类生活最基本的需要。为了这需要，人类才不断和自然做斗争。自古以来，为了安定的起居，为了便利的生产，在劳动创造中人们就也创造了房子。在文化高度发展的时代，要进行大规模的经济建设和文化建设，或加强国防，我们仍然都要先建筑很多为那些建设使用的房屋，然后才能进行其他工作。我们今天称它为"基本建设"，这个名称就恰当的表示房屋的性质是一切建设的最基本的部分。

人类在劳动中不断创造新的经验，新的成果，由文明曙光时代开始在建筑方面的努力和其他生产的技术的发展总是平行并进的，和互相影响的。人们积累了数千年建造的经验，不断地在实践中，把建筑的技能和艺术提高，例如：了解木材的性能，泥土沙石在化学方面的变化，在思想方面的丰富，和对造形艺术方面的熟练，因而形成一种最高度综合性的创造。古文献记载："上古穴居野处，后世

圣人易之以宫室,上栋下宇以蔽风雨"。从穴居到木构的建筑就是经过长期的努力,增加了经验,丰富了知识而来。所以:

(1)建筑是人类在生产活动中克服自然,改变自然的斗争的记录。这个建筑活动就必定包括人类掌握自然规律,发展自然科学的过程。在建造各种类型的房屋的实践中,人类认识了各种木材、石头、泥沙的性能,那就是这些材料在一定的结构情形下的物理规律,这样就掌握了最原始的材料力学。知道在什么位置上使用多大或多小的材料,怎样去处理它们间的互相联系,就掌握了最简单的土木工程学。其次,人们又发现了某一些天然材料——特别是泥土与石沙等——在一定的条件下的化学规律,如经过水搅、火烧等,因此很早就发明了最基本的人工的建筑材料,如砖,如石灰,如灰浆等。发展到了近代,便包括了今天的玻璃、五金、洋灰、钢筋和人造木等等,发展了化工的建筑材料工业。所以建筑工程学也就是自然科学的一个部门。

(2)建筑又是艺术创造。人类对他们所使用的生产工具、衣服、器皿、武器等,从石器时代的遗物中我们就可看出,在这些实用器物的实用要求之外,总要有某种加工,以满足美的要求,也就是文化的要求,在住屋也是一样。

从古至今，人类在住屋上总是或多或少地下过功夫，以求造形上的美观。例如：自有史以来无数的民族，在不同的地方，不同的时代，同时在建筑艺术上，是继续不断地各自努力，从没有停止过的。

（3）建筑活动也反映当时的社会生活和当时的政治经济制度。如宫殿、庙宇、民居、仓库、城墙、堡垒、作坊、农舍，有的是直接为生产服务，有的是被统治阶级利用以巩固政权，有的被他们独占享受。如古代的奴隶主可以奴役数万人为他建筑高大的建筑物，以显示他的威权，坚固的防御建筑，以保护他的财产，古代的高坛、大台、陵墓都属于这种性质。在早期封建社会时代，如：吴王夫差"高其台榭以鸣得意"，或晋平公"铜鞮之宫数里"，汉初刘邦做了皇帝，萧何营未央宫，就明明白白地说："天子以四海为家，非令壮丽无以重威"。从这些例子就可以反映出当时的封建霸主剥削人民的财富，奴役人民的劳力，以增加他的威风的情形。在封建时代建筑的精华是集中在宫殿建筑和宗教建筑等等上，它是为统治阶级所利用以作为压迫人民的工具的；而在新民主主义和社会主义的人民政权时代，建筑就是为维护广大人民群众的利益和美好的生活而服务了。

（4）不同的民族的衣食、工具、器物、家具，都有不同的民族性格或民族特征。数千年来，每一民族，每一时代，在一定的自然环境和社会环境中，积累了世代的经验，都创造出自己的形式，各有其特征，建筑也是一样的。在器物等等方面，人们在科学方面采用了他们当时当地认为最方便最合用的材料，根据他们所能掌握的方法加以合理的处理成为习惯的手法，同时又在艺术方面加工做出他们认为最美观的纹样、体形和颜色，因而形成了普遍于一个地区一个民族的典型的范例，就成了那民族在工艺上的特征，成为那民族的民族形式。建筑也是一样。每个民族虽然在各个不同的时代里，所创造出的器物和建筑都不一样，但在同一个民族里，每个时代的特征总是一部分继续着前个时代的特征，另一部分发展着新生的方向，虽有变化而总是继承许多传统的特质，所以无论是哪一种工艺，包括建筑，不论属于什么时代，总是有它的一贯的民族精神的。

（5）建筑是人类一切造形创造中最庞大、最复杂、也最耐久的一类，所以它所代表的民族思想和艺术，更显著、更多面，也更重要。

从体积上看，人类创造的东西没有比建筑在体积上更大的了。古代的大工程如秦始皇时所建的阿房宫，"前殿阿房，东西五百步，南北五十丈，上可以坐万人，下可以建五丈旗。"记载数字虽不完全可靠，体积的庞大必无可疑。又如埃及金字塔高四百八十九英尺，屹立沙漠中遥远可见。我们祖国的万里长城绵亘二千三百余公里，在地球上大约是一件最显著的东西。

从数量上说，有人的地方就必会有建筑物。人类聚居密度愈大的地方，建筑就愈多，它的类型也愈多变化，合起来就成为城市。世界上没有其他东西改变自然的面貌如建筑这么厉害。在这大数量的建筑物上所表现的历史艺术意义方面最多也就最为丰富。

从耐久性上说，建筑因是建造在土地上的，体积大，要承托很大的重量，建造起来不是易事，能将它建造起来总是付出很大的劳动力和物资财力的。所以一旦建筑成功，人们就不愿轻易移动或拆除它，因此被使用的期限总是尽可能地延长。能抵御自然侵蚀，又不受人为破坏的建筑物，便能长久地被保存下来，成为罕贵的历史文物，成为各时代劳动人民创造力量、创造技术的真实证据。

（6）从建筑上可以反映建造它的时代和地方的多方面的生活状况，政治和经济制度，在文化方面，建筑也有最高度的代表性，例如封建时期各国的巍峨的宫殿，坚强的堡垒，不同程度的资本主义社会里的拥挤的工业区和紊乱的商业街市。中国过去的半殖民地半封建时期的通商口岸，充满西式的租界街市，和半西不中的中国买办势力地区内的各种建筑，都反映着当时的经济政治情况，也是显示帝国主义文化入侵中国的最真切的证据。

以上六点，不但说明建筑是什么，同时也说明了它是各民族文化的一种重要的代表。从考古方面考虑各时代建筑这问题时，实物得到保存，就是各时代所产生过的文化证据之得到保存。

可是我们的考古工作者不能不认识各种建筑的特征，尤其是中国建筑的特征。因为我们今天的考古还是为创造服务的，苏联建筑专家说：没有历史就没有理论，没有理论我们无法指导我们的新创造。中国建筑的特征是什么？中国建筑体系是中华民族数千年来世代经验的累积所创造的，这个体系分布到很广大的地区，西起葱岭，东至日本、朝鲜，南至越南、缅甸，北至黑龙江，包括蒙古人民共和国的区域在内。这些地区内的建筑和中国中心内的建筑，或是同属于一个体系，或是稍有差异如弟兄之同属于一家的关系。

至迟在公元前一千四百年左右，中国建筑体系就已经肯定地形成了，它的基本特征一直保留到了最近代。那就是：

（1）每一座个别的中国房屋都有三个主要部分：底下的砖造石造的台基，中间木构为主的房身，和两坡或四坡很舒展的屋顶，由多座这种的房屋围绕起来成一庭院，由很简单的农民住宅到极大的皇宫寺庙，都是如此。

（2）这个体系始终是以木材结构为主。房身这部分是以木材做立柱和横梁，成一副梁架，每一副梁架有两立柱和两层以上的横梁，每两副梁架之间用所谓"枋"和"桁"（或称檩子）的横木把它们互相牵连就成了一"间"房子的主要构架。

两柱间如用墙壁并不负重，也只是像"帷幕"一样用以隔断内外，或分划内部空间而已。所留门窗位置极为自由，由全部用墙壁，至全部用门窗都不妨碍负重问题；而房顶的重量总是全由立柱承担。

（3）在一副梁架上，在立柱和横梁的交叉处，在柱头上，加上一层层逐渐挑出称作"栱"的短木料，中间用称作"斗"的小木块垫着，柱头上这样的一种结构称作"斗栱"，它是用以减少立柱和横梁交接处的"剪力"，减轻梁折断的可能。同时这种斗栱可以由柱头虚挑出去承托上面其他的结构，最显著的如屋子外面的前檐，上层楼外的廊子，屋子内部的楼井栏杆等。

（4）梁架上的梁是多层的，上一层总比下一层短，两层中间小立柱总是逐层加高的，这称作"举架"。外面屋瓦的坡度就随着这举架由下部的平舒到近屋脊处的陡斜，成了和缓的曲线面。

（5）大胆地用朱红作为大建筑物立柱的主要颜色，并用彩色绘画图案来装饰木构架的上部结构，如额枋、柱头和斗栱，不限内外都如此。

（6）所有结构部分的交接之处，大半露出，在它外表的形状上稍稍加工，成为建筑本身的装饰部分。如：梁头之成为蚂蚱头、麻叶头等和雀替之种种式样，或如屋脊、脊吻，或整组斗栱本身和窗门上的刻花图案都属于这一类，它们都是结构部分，而有极高的装饰效果的。

（7）建筑材料中的有色琉璃的砖瓦，除木上刻花和石面作浮雕之外，还在清水砖上加雕刻，也都是中国体系建筑的特征。

这一切特点我们可以叫它作建筑的"文法"。建筑和语言文字一样，一个民族总创造出他们所沿用的惯例成了法则。中国建筑如何组织木材成了梁架，成了斗栱，成了一个"开间",成了一座独立建筑物的构架,如何用举架的比例求得屋顶的曲线轮廓,如何结束瓦顶,如何切削生硬的部分使成柔和的、曲面的、图案型的装饰物,都是我们建筑上一千几百年沿用下来的惯例原则,无论每种具体的实物怎样地千变万化,它们都遵循那种法则的范畴,有一定的方法和相互的关系,所以我们说它是一种建筑上的文法。至于梁、柱、枋、檩、门、窗、墙、瓦、槛、阶、栏杆、槅扇、斗栱、瓦饰、正房、厢廊、庭院、夹道,那就都是我们建筑上的"词汇",是构成一组中国建筑的不可少的细部和因素。这种文法是从累积的实践的经验中,总结出来的,提炼出来的,有一定的拘束性,但在其范围中又有极大的运用的自由。也如同做文章可有许多体裁,如诗、词、歌、赋、散文、小说等等。建筑上也可有"小品",如亭榭、小园,也可以有大文章,如宫殿、庙宇。但只要它们是中国的建筑,它们就必是遵守着一定的中国建筑文法的。运用这方法的规则,为了极不相同的需要表现绝不相同的体形和情感,也解决不相同的问题。这种文法是劳动人民在长期经验中产生出来而普遍遵守的法则和惯例,它是智慧的结晶和胜利果实的总结。它不是一时一人的创造,它是民族和地方的物质和精神条件下的产物。

其次，我们要了解中国建筑有哪一些类型。

（1）民居和象征政权的大建筑群，如衙署、府邸、宫殿，这些，基本上是同一类型，只有大小繁简之分。应该注意的是它们历史和艺术的价值，绝不在其大小繁简，而是在它们的年代，材料和做法上。

（2）宗教建筑。本来佛教初来的时候，隋、唐都有"舍宅为寺"的风气，各种寺院和衙署、府第没有大分别，但积渐有了宗教上的需要，和僧侣生活上的需要，而产生各种佛教寺院内的部署和体形，内中以佛塔为最突出。其他如道观，回教的清真寺，和基督教的礼拜堂等，都各有它们的典型特征，和个别变化，不但反映历史上种种事实应予以注意，且有高度艺术上成就，有永久保存的价值。例如：各处充满雕刻和壁画的石窟寺，就有极高的艺术价值，又如前据报告，中国仅存的一个景教的景堂，就有极高的历史价值。此外中国无数的宝塔都是我们艺术的珍物。

（3）园林及其中附属建筑。园林的布局曲折上下，有山有水，衬以适当的怡神养性，感召精神的美丽建筑，是中国劳动人民所创造的辉煌艺术之一。北京城内的北海，城郊的颐和园、玉泉山、香山等原来的宫苑，和长江以南苏州、无锡、杭州各地过去的私家园林，都是艺术杰作，有无比的历史和艺术价值。

（4）桥梁和水利工程。我国过去的劳动人民有极丰富的造桥经验，著名的赵州大石桥和卢沟桥等是人人都知道的伟大工程，而且也是艺术杰作。西南诸省有许多铁索桥，还有竹索桥，此外全国各地布满了大大小小的木桥和石桥，建造方法各各不同。在水利工程方面，如四川灌县的都江堰，云南昆明的松花坝，都是令人叹服的古代工程。在桥和坝两方面，国内的实物就有很多是表现出我国劳动人民伟大的智慧，有极高的文物价值的。

（5）陵墓。历代封建帝王和贵族所建造的坟墓都是规模宏大，内中用很坚固的工程和很丰富的装饰的。它们也反映出那时代的工艺美术，和工程技术的种种方面，所以也是重要的历史文物和艺术特征的参考资料。墓外前面大多有附属的点缀如华表、祭堂、小祠、石阙等。著名的如山东嘉祥的武梁石祠，四川渠县和绵阳，河南嵩山，西康雅安等地方都有不少石阙，寻常称"汉阙"，是在建筑上有高度艺术性的石造建筑物。并且上面还包含一些浮雕石刻，是当时的重要艺术表现。四川有许多地方有汉代遗留下来的崖墓，立在崖边，墓口如石窟寺的洞口，内部有些石刻的建筑部分，如有斗栱的石柱等，也是研究古代建筑的难得资料。

（6）防御工程。防御工程的目的在于防御，所以工程非常硕大坚固，自成一种类型，有它的特殊的雄劲的风格。如我们的万里长城，高低起伏地延伸到二千三百余公里，它绝不是一堆无意义的砖石，而是过去人类一种伟大的创作，有高度的工程造诣，有它的特殊严肃的艺术性的，无论近代的什么人见到它，都不可能不肃然起敬，就证明这一点了。如北京、西安的城，都有重大历史意义，也都是伟大的艺术创作。在它们淳朴雄厚的城墙之上，巍然高峙的宏大城楼，它们是全城风光所系的突出点，在它们近处望它能引起无限美感，使人们发生对过去劳动人民的热爱和景仰，产生极大的精神作用。

（7）市街点缀。中国的城市的街道上有许多美化那个地区的装饰性的建筑物，如钟楼、鼓楼、各种牌坊、街楼，大建筑物前面的辕门和影壁等。这些建筑物本来都是朴实的有用的类型，但却被封建时代的意识所采用：为迷信的因素服务，也为反动的道德标准如贞节观念、光荣门第等观念服务，但在原来用途上，如牌坊就本是各民坊人口的标识，辕门也是一个区域的界限，钟楼，鼓楼虽为了警告时间，但常常是市中心标识，所以都是需要艺术的塑型的。

在中国各城市中这些建筑物多半发展出高度艺术性的形象，成了街市中美丽的点缀，为了它们的艺术价值，这些建筑物是应保存与慎重处理的。

（8）建筑的附属艺术，如壁画、彩画、雕刻、华表、狮子、石碑、宗教道具等等，往往是和建筑分不开的。在纪录或保管某个建筑物时，都要适当地注意到它的周围这些附属艺术品的地位和价值。有时它们只是历史资料，但很多例子它们本身都是艺术精品。

（9）城市的总体形和总布局。中国城市常是极有计划的城市，按照地形和历史的条件灵活地处理。街道的分布，大建筑物的耸立与衬托，市楼、公共场所、桥头、市中心和湖沼、堤岸等等，常常是雄伟壮丽富于艺术性的安排，所做成的景物气氛给人以难忘的印象。与注意建筑文物的同时，也应该注意到有计划的或有意识的，城市布局的方面，摄影、测绘以示它的特点的。尤其是今天中国的城市都在发展中，原有的优良秩序基础做成某一城某一市的特殊风格的，都应特别重视，以配合新的发展方向。

单单认识祖国各种建筑的类型，每种或每个地去欣赏它的艺术，估计它的历史价值，是不够的。考古工作者既有保管和研究文物建筑的任务，他们就必须先有一个建筑发展史的最低限度的知识。中国体系的建筑是怎样发展起来的呢？它是随着中国社会的发展而发展的。它是以各时代的一定的社会经济作基础的，既和当时的社会的生产力和生产关系分不开，也和当时占统治地位的世界观，也就是当时的人所接受所承认的思想意识分不开的。

试就中国历史的几个主要阶段和它当时的建筑提出来讲讲。例如：（一）商殷周到春秋战国；（二）秦汉到三国；（三）晋魏六朝；（四）隋唐到五代；（五）辽宋到金元；（六）明清两朝。

第一阶段：商殷周春秋战国。商殷是奴隶社会时代，周初到春秋战国虽然已经有封建社会制度的特征，但基本上奴隶制度仍然存在，农奴和俘虏仍然是封建主的奴隶。奴隶主和封建初期的王侯，都拥有一切财富：他们的财产包括为他们劳动的人民——奴隶和俘虏。什么帝，什么王都迫使这些人民为他们建造他们所需要的建筑物。他们所需要的建筑是怎样的呢？多半是利用很多奴隶的劳动力筑起有庞大体积的建筑物。例如：因为他们要利用鬼神来迷惑为他们服劳役的人民，所以就要筑起祭祀用的神坛；因为他们时常出去狩猎，就要建造登高远望的高台。他们生前要给自己特别尊贵高大的房子，所谓"治宫室"以显示他们的统治地位,死后一定要极为奢侈坚固的地窖,所谓"造陵墓",好保存他们的尸体,并且把生前的许多财物也陪葬在里面,满足他们死后仍能占有财产的观念。他们需要防御和他们敌对的民族或部落,他们就需要防御的堡垒、城垣和烽火台。虽然在殷的时代宫殿的结构还是很简单的,但比起更简单而原始的穴居时代,和初有木构的时代当然已有了极大的进步。到了周初,建筑工程的技术又进了一步。诗经上描写周初召来"司空""司徒",证明也有了管工程的人,有了某种工程上的组织来进行建筑活动。所谓"营国筑室"也就是有计划地来建造一种城市。所谓"作庙翼翼",立"皋门""应门"等等,显然是对建筑物的结构、形状、类型和位置,都做了艺术性的处理。

到春秋和战国时期,不但生产力提高,同时生产关系又有了若干转变。那时已有小农商贾,从事工艺的匠人也不全是以奴隶身份来工作的,一部分人民都从事各种手工业生产,墨子就是一个。如记载上说"公输子之巧",传说鲁班是木工中最巧的匠人,还可以证明当时个别熟练匠人虽仍是被剥削的劳动人民,但却因为他的"巧"而被一般人民重视的。在建筑上七国的燕、赵、楚、秦的封建主都是很奢侈的。所谓"高台榭""美宫室"的作风都很盛。依据记载，有人看见秦的宫室之后说："使鬼为之，则劳神矣，使人为之，亦苦民矣。"这样的话，我们可以推断当时建筑技术必是比以前更进步的，同时仍然是要用许多人工的。

第二阶段：秦汉到三国。秦统一中国，秦始皇的建筑活动常见于记载，是很突出的，并且规模都极大，如：筑长城，铺驰道等。他还摹仿各处不同的宫殿，造在咸阳北陂上，先有宫室一百多处，还嫌不足，又建有名的阿房宫。宫的前殿据说是"东西五百步，南北五十丈，上可坐万人，下可立五丈旗"，当然规模宏大。秦始皇还使工匠们造他的庞大而复杂的坟墓。在工程和建筑艺术方面，人民为了这些建筑物发挥智慧，必定又创造了许多新的经验。但统治者的剥削享乐和豪强兼并，土地集中在少数人手中，引起农民大反抗。秦末汉初，农民纷纷起义，项羽打到咸阳时，就放火烧掉秦宫殿，火三月不灭。在建筑上，人民的财富和技术的精华常常被认为是代表统治者的贪心和残酷的东西，在斗争中被毁灭了去，项羽烧秦宫室便是个最早、最典型的例子。

汉初，刘邦取得胜利又统一了中国之后，仍然用封建制度，自居于统治地位。他的子孙一代代由西汉到东汉又都是很奢侈的帝王，不断为自己建造宫殿和离宫别馆。据汉史记载：汉都长安城中的大宫，就有有名的未央宫、长乐宫、建章宫、北宫、桂宫和明光宫等，都是庞大无比的建造。在两汉文学作品中更有许多关于建筑的描写，歌颂当时的建筑上的艺术和它们华丽丰富的形象的。例如：有名的鲁灵光殿赋、两都赋、两京赋等等。在实物上，今天还存在着汉墓前面的所谓"石阙""石祠"，在祠坛上有石刻壁画（在四川、山东和河南省都有），还有在悬立的石崖上凿出的"崖墓"。此外还有殉葬用的"明器"（它们中很多是陶制的各种房屋模型），和墓中有花纹图案的大空心砖块和砖柱。所以对于汉代建筑的真实形象和细部手法，我们在今天还可以看出一个梗概来。汉代的工商业兴盛，人口增加，又开拓疆土，向外贸易，发展了灿烂的早期封建文化；大都市布满全国，只是因为皇帝、贵族、官僚、地主、商人和豪强都一齐向农民和手工业工人进行剥削和超经济的暴力压榨。汉末，经过长时期的破坏，饥民起义和军阀割据的互相残杀到了可怕的程度，最富庶的地方，都遭到剧烈的破坏，两京周围几百里彻底地被毁灭了，黄河人口集中的地区竟是"千里无人烟"或到了"人相食"的地步。汉建筑的精华和全面的形象所达到的水平，绝不是今天这一点剩余的实物所能够代表的。我们所了解的汉代建筑，仍然是极少的。

由三国或晋初的遗物上看来，汉末已成熟的文化艺术，虽经浩劫，一些主要传统和特征仍然延续留传下来。所谓三国，在地区上除却魏在华北外，中国文化中心已分布在东南沿长江的吴，和在西南四川山岳地带盆地中的蜀，汉代建筑和各种工艺是在很不同的情形下得到保存或发展的。长安、洛阳两都的原有精华，却是被破坏无遗。但在战争中人民虽已穷困，统治者匆匆忙忙地却还不时兴工建造一些台榭取乐，曹操的铜雀台，就是有名的例子。在艺术上，三国时代基本上还是汉风的尾声。

第三阶段：晋魏六朝。汉的文化艺术经过大劫延续到了晋初，因为逐渐有由西域进入的外来影响，艺术作风上产生了很多新的因素。在成熟的汉的手法上，发展了比较和缓而极丰富的变化。但是到了北魏，经过中间五胡乱华的一个大混乱时期，北方外来民族侵入中原，占据统治地位，并且带来大量的和中国文化不同体系的艺术影响，中国的工艺和建筑活动，便突然起了更大的变化。石虎和赫连勃勃两个北方民族的统治者进入中国之后，都大建宫殿，这些建筑，只见于文献记载，没有实物作证，形式手法到底如何，不得而知。我们可以推想木构的建筑，变化很小，当时的技术工人基本是汉族人民，但用石料刻莲花建浴室等，有很多是外来影响。北魏的统治者是鲜卑族，建都在大同时凿了云冈的大石窟寺，最初式样曾倚赖西域僧人，所以由刻像到花纹都带着浓重的西域和印度的手法情调。迁都到了洛阳之后，又造龙门石窟。时中国匠人对于雕刻佛像和佛教故事已很熟练，艺术风格就是在中国的原有艺术上吸取了外来影响，尝试了自己的创造。虽然题材仍然是外来的佛教，而在表现手法上却有强烈的中国传统艺术的气息和作风。建筑活动到了这时期，除却帝王的宫殿之外，最主要的主题是宗教建筑物。如：寺院、庙宇、石窟寺或摩崖造像、木塔、砖塔、石塔等等，都有许多杰出的新创造。希腊、波斯艺术在印度所产生的影响，又由佛教传到中国来。在木构建筑物方面，外国影响始终不大，只在原有结构上或平面布局上加以某些变革来解决佛教所需要的内容。最显明的例子就是塔。当时的塔基本上是汉代的"重屋"，也就是多层的小楼阁，

上面加了佛教的象征物，如塔顶上的"覆钵"和"相轮"（这个部分在塔尖上称作"刹"，就是个缩小的印度的墓塔，中国译音的名称是"窣堵坡"或"塔婆"）。除了塔之外，当时的寺院根本和其他非宗教的中国院落和殿堂建

筑没有分别，只是内部的作用改变了性质，因是为佛教服务的，所以凡是艺术、装饰和壁画等，主要都是传达宗教思想的题材。那时劳动人民渗入自己虔诚的宗教热情，创造了活跃而辉煌的艺术。这时期里，比木构耐久的石造和砖造的建筑和雕刻，保存到今天的还很多，都是今天国内最可贵的文物，它们主要代表雕刻，但附带也有表现当时建筑的。如敦煌、云冈、龙门、南北响堂山、天龙山等著名的石窟，和与它们同时的个别小型的"造像石"。还有独立的建筑物，如：嵩山嵩岳寺砖塔，和山东济南郊外的四门塔。当时的木构建筑，因种种不利的条件，没有保存到现在的。南朝佛教的精华，大多数是木构的，但现时也没有一个存在的实物，现时所见只有陵墓前的石刻华表和狮子等。南北朝时期中木构建筑只有一座木塔，在文献中描写得极为仔细，那就是著名的北魏洛阳"胡太后木塔"。这篇写实的记载给了我们很多可贵的很具体的资料，供我们参考，且可以和隋唐以后的木构及塔型做比较的。

第四阶段：隋唐五代辽。在南北朝割据的局势不断的战争之后，隋又统一中国，土地的重新分配，提高了生产力，所以在唐中叶之前，称为太平盛世。当时统治阶级充分利用宗教力量来帮助他们统治人民，所以极力提倡佛教，而人民在痛苦之中，依赖佛教超度来生的幻想来排除痛苦，也极需要宗教的安慰，所以佛教愈盛行，则建寺造塔，到处是宗教建筑的活动。同时，为统治阶级所喜欢的道教的势力，也因为得到封建主的支持，而活跃起来。金碧辉煌的佛堂和道观布满了中国，当时的工匠都将热情和力量投入许多艺术创造中，如：绘画、雕刻、丝织品、金银器物等等。建筑艺术在那时是达到高度的完美。由于文化的兴盛，又由于宗教建筑物普遍于各地，熟练工匠的数目增加，传播给徒弟的机会也多起来。建筑上各部做法和所累积和修正的经验，积渐总结，成为制度，凝固下来。唐代建筑物在塑型上，在细部的处理上，在装饰纹样上，在木刻石刻的手法上，在取得外轮线的柔和或稳定的效果上，都已有极谨严、极美妙的方法，成为那时代的特征。五代和辽的实物基本上是承继唐代所凝固的风格及做法，就是宋初的大建筑和唐末的作风也仍然非常接近。毫无疑问的，唐中叶以前，中国建筑艺术达到了一个艺术高峰，在以后的宋、元、明、清几次的封建文化高潮时期，都没有能再和它相比的。追究起来，最大原因是当时来自人民的宗教艺术多样性的创造，正发扬到灿烂的顶点，封建统治阶级只是夺取这些艺术活力为他们的政权和宫廷享乐生活服务，用庞大的政治经济实力支持它，庞大宫殿、苑、离宫、别馆都是劳动人民所创造。一直到了人民又被压榨得饥寒交迫，穷困不堪，而统治者腐化昏庸，贪欲无穷，经济军事实力，已不能维持自己政权。边区的其他政权和外族侵略威胁愈来愈厉害的时期，农民的起义和反抗愈剧烈，劳动人民对于建筑艺术才绝无创造的兴趣。这样时期，对统治者的建造都只是被迫着供驱役、赖着熟练技术工人维持着传统手法而已。政权中心的都城长安城中，繁荣和破坏力量，恰是两个极端。但一直到唐末，全国各处对于宗教建筑的态度，却始终不同。人民被宗教的幻想幸福所欺骗，仍然不失掉自己的热心，艺术的精心作品，仍时常在寺院、佛塔、佛像、雕刻上表现出来。

第五阶段：宋、金、元。宋初的建筑也是五代唐末的格式，同辽的建筑也无大区别。但到了公元一〇〇〇年（宋真宗）前后，因为在运河经疏浚后和江南通航，工商业大大发展，宋都汴梁（今开封），公私建造都极旺盛，建筑匠人的创造力又发挥起来，手法开始倾向细致柔美，对于建筑物每单位的塑型，更敏感、更注意了。各种的阁，各种的楼都极窈窕多姿，作为北宋首都和文化中心的汴梁，是介于南北两种不同的建筑倾向的中间，同时受到南方的秀丽和北方的壮硕风格的影响。这时期宋都的建筑式样,可以说:或多或少的是南北作风的结合,并且也起了为南北两系做媒介的作用。汴京当时多用重楼飞阁一类的组合,如:《东京梦华录》中所描写的樊楼等。宫中游宴的后苑中,藏书楼阁每代都有建造,寺观中华美的楼阁也占极重要的位置,它们大略的风格和姿态,我们还能从许多宋画中见到,最写实的,有:黄鹤楼图、滕王阁图、金明池图等等。日本的镰仓时期的建筑,也很受我们宋代这时期建筑的影响。有一主要特征,就是歇山山花间前的抱厦,这格式宋以后除了金、元有几个例子外,几乎不见了。当时却是普遍的作风。今天北京故宫紫禁城的角楼,就是这种式样的遗风。北宋之后,文化中心南移,南京的建筑,一方面受到北宋官式制度的影响,一方面又有南方自然环境材料的因素和手法与传统的一定条件,所发展出的建筑,又另有它的特征,和北宋的建筑不很相同了。在气魄方面失去唐全盛时的雄伟,但在绮丽和美好的加工方面,宋代有极大贡献。

金元都是外族入侵而在中国统治中国人民的时代,因为金的女贞族,和元的蒙古族当时都是比中国文化落后许多的游牧民族,对于中国人民是以俘虏和奴隶来对待的。就是对于技术匠人的重视,也是以掠夺来的战利品看待他们，驱役他们给统治者工作。并且金元的建设都是在经过一个破坏时期之后，在那情形下，工艺水平降低很多，始终不能恢复到宋全盛时期的水平。金的建筑在外表形式上或仿汴梁宫殿，或仿南宋纤细作风，不一定尊重传统，常常窜改结构上的组合，反而放弃宋代原来较简单合理和优美的做法，而增加烦琐无用的部分。我们可以由金代的殿堂实物上看出它们许多不如宋代的地方。据南人记录，金中都的宫殿是"穷极工巧"，但"制度不经"，意思就是说金的统治者在建造上是尽量浪费奢侈，但制度形式不遵循传统，相当混乱。但金人自己没有高度文化传统，一切接受汉族制度，当时金的"中都"的规模就是摹仿北宋汴梁，因此保存了宋的宫城布局的许多特点。这种格式可由元代承继下来传到明清，一直保存到今天。

元的统治时期，中国版图空前扩大，跨着欧亚两洲，大陆上的交通，使中国和欧洲有若干文化上的交流。但是蒙古的统治者剥削人民财富，征税极为苛刻，对汉族又特别压迫和奴役，经济力是衰疲的，只有江浙的工商业情形稍好。人民虽然困苦不堪，宫殿建筑和宗教建筑（当时以喇嘛教为主）仍然很侈大。当时陆路和海路常有外族的人才来到中国，在建筑上也曾有一些阿拉伯、波斯或西藏等族的影响，如在忽必烈的宫中引水作喷泉，又在砖造的建筑上用彩色的琉璃砖瓦等。在元代的遗物中，最辉煌的实例，就是北京内城有计划的布局规模，它是总结了历代都城的优良传统，参考了中国古代帝都规模，又按照北京的特殊地形、水利的实际情况而设计的。今天它已是祖国最可骄傲的一个美丽壮伟的城市格局。元的木构建筑，经过明清两代建设之后，实物保存到今天的，国内还有若干处，但北京城内只有可怀疑的与已毁坏而无条件重修的一两处，所以元代原物已是很可贵的研究资料。从我们所见到的几座实物看来，它们在手法上还有许多是宋代遗制，经过金朝的变革的具体例子。如工字殿，和山花向前的作风等。

第六阶段：明、清。明代推翻元的统治政权，是民族复兴的强烈力量。最初朱元璋首都设在南京，派人将北京元故宫毁去，元代建筑的精华因此损失殆尽。在南京征发全国工匠二十余万人建造宫殿，规模很宏壮，并且特别强调中国原有的宗教礼节，如天子的郊祀（祭天地和五谷的神），所以对坛庙制度很认真。四十年后，朱棣（明永乐）迁回北京建都，又在元大都城的基础上重新建设。今天北京的故宫大体是明初的建设。虽然绝大部分的个别殿堂，都由清代重建了，明原物还剩了几个完整的组群和个别的大殿几座。社稷坛、大庙（即现在的中山公园、劳动人民文化宫）和天坛，都是明代首创的宏丽的大建筑组群，尤其是天坛的规模和体形是个杰作。明初民气旺盛，是封建经济复兴的时期，汉族匠工由半奴隶的情况下改善了，成为手工业技术匠师，工人的创造力大大提高，工商业的进步超越过去任何时期。在建筑上，表现在气魄庄严的大建筑组群上。应用壮硕的好木料，和认真的工程手艺。工艺的精确端整是明的特征。明代墙垣都用临清砖，重要建筑都用楠木柱子，木工石刻都精确不苟，结构都交代得完整妥帖，外表造形朴实壮大而较清代的柔和。梁架用料比宋式规定大得多，瓦坡比宋斜陡，但宋代以来，缓和弧线有一些仍被采用在个别建筑上，如角柱的升高一点使瓦檐四角微微翘起，或如柱头的"卷杀"，使柱子轮廓柔和许多等等的造法和处理。但在金以后，最显著的一个转变就是除在结构方面有承托负重的作用外，还强调斗栱在装饰方面的作用，在前檐两柱之间把它们增多，每个斗栱同建筑物的比例也缩小了，成为前檐一横列的装饰物。明、清的斗栱都是密集的小型，不像辽金宋的那样疏朗而硕大的。

明初洪武和永乐的建设规模都宏大。永乐以后太监当权，政治腐败，封建主昏庸无力，知识分子的宰臣都是没有气魄远见、只争小事的。明代文人所领导的艺术的表现，都远不如唐宋的精神。但明代的工业非常发达，建筑一方面由老匠师掌握，一方面由政府官僚监督，按官式规制建造，没有蓬勃的创造性，只是在工艺上非常工整。明中叶以后，寺庙很多是为贪污的宦官祝福而建的，如魏忠贤的生祠等。像这种的建筑，匠师多墨守成规，推敲细节，没有气魄的表现。而在全国各地的手工业作坊和城市的民房倒有很多是达到高度水平的老实工程。全部砖造的建筑和以高度技巧使用琉璃瓦的建筑物也逐渐发展。技术方面有很多的进展。明代的建筑实物到今天已是三五百年的结构，大部分都是很可宝贵的，有一部分尤其是极值得研究的艺术。

明清两代的建筑形制非常近似。清初入关以后，在玄烨（康熙）、胤禛（雍正）的年代里由统治阶级指定修造的建筑物都是体形健壮、气魄宏大的，小部留有明代一些手法上的特征，如北京郑王府之类；但大半都较明代建筑生硬笨重，尤其是柁梁用料过于侈大，在比例上不合理，在结构上是浪费的。到了弘历（乾隆），他聚敛了大量人民的财富，尽情享受，并且因宫廷趣味处在领导地位，自从他到了江南以后，喜爱南方的风景和建筑，故意要工匠仿南式风格和手法,采用许多曲折布置和纤巧图案,产生所谓"苏式"的彩画等等。因为工匠迎合统治阶级的趣味,所以在这时期以后的许多建筑造法和清初的区别,正和北宋末崇宁间刊行"营造法式"时期和北宋初期建筑一样,多半是细节加工,在着重巧制花纹的方面用功夫,因而产生了许多玲珑小巧、萎靡烦琐的作风。这种偏向多出现在小型建筑或庭园建筑上。由圆明园的亭台楼阁开始,普遍地发展到府第店楼,影响了清末一切建筑。但清宫苑中的许多庭园建筑,却又有很多恰好是庄严平稳的宫廷建筑物,采取了江南建筑和自然风景配合的灵活布局的优良例子,如颐和园的谐趣园的整个组群和北海琼华岛北面游廊和静心斋等。

在这时期,中国建筑忽然来了一种摹仿西洋的趋势,这也是开始于宫廷猎取新奇的心理,由圆明园建造的"西洋楼"开端。当时所谓西洋影响,主要是摹仿意大利文艺复兴的古典楼面,圆头发券窗子,柱头雕花的罗马柱子,彩色的玻璃,蚌壳卷草的雕刻和西式石柱、栏杆、花盆、墩子、狮子、圆球等各种缀饰。这些东西,最初在圆明园所用的,虽曾用琉璃瓦特别烧制,由意大利人郎世宁监造;但一般的这种格式花纹多用砖刻出,如恭王府花园和三海中的一些建筑物。北京西郊公园的大门也是一个典型例子，其他则在各城市的店楼门面上最易见到。颐和园中的石舫就是这种风格的代表。中国建筑在体形上到此已开始呈现庞杂混乱的现象，且已是崇外思想在建筑上表现出来的先声。当时宫廷是由猎奇而爱慕西方商品货物，对西方文化并无认识。到了鸦片战争以后，帝国主义武力侵略各口岸城市，产生买办阶级的媚外崇洋思想，和民族自卑心理的时期，英美各国是以蛮横的态度，在我们祖国土地上建造适于他们的生活习惯的和殖民地化我们的房屋的。由广州城外的"十三行"和澳门葡萄牙商人所建造的房屋开始，形形色色的洋房洋楼便大量建造起来。祖国的建筑传统、艺术传统，城市的和谐一致的面貌，从此才大量被破坏了。近三年来中国的建筑设计转到知识分子手里，他们都是或留学欧美，或间接学欧美的建筑的。他们将各国的各时代建筑原封不动地搬到中国城市中来，并且竟鄙视自己的文化，自己固有的建筑和艺术传统，又在思想上做了西洋资本主义国家近代各流派建筑理论的俘虏。解放后经过爱国主义的学习才逐渐认识到祖国传统的伟大。祖国的建筑是祖国过去的劳动人民在长期劳动中智慧的结晶，是我们一份极可骄傲的、辉煌的艺术遗产。这个认识及时地纠正了前一些年代里许多人对祖国建筑遗物的轻视和破坏，但是保护建筑文物的工作不过刚刚开始，摆在我们面前的任务是很多很艰巨的。

最后让我再严重地指出爱护古建筑的意义，千万不要忘记毛主席在《新民主主义论》中所说的："中国的长期封建社会中，创造了灿烂的古代文化。因此清理古代文化的发展过程，剔除其封建性的糟粕，吸收其民主性的精华，是发展民族新文化提高民族自信心的必要条件。"这是毛主席交给我们考古工作者的任务。这个任务之完成是多方面的。首先我们要为发展新建筑创造条件。毛主席告诉我们："中国现时的新文化也是从古代的旧文化发展而来"的，因此，中国现时的新建筑也必是从古代的旧建筑发展而来的。因此，建筑师们必须认识和掌握旧建筑的特征和规律，然后才能进行自由创造。所以他们需要考古人员的帮助。因此我们要搜集古建筑实物，研究它们，把我们研究的结果供给建筑师们。这是为创造新中国建筑的设计建筑师们服务的。

其次是在今后所有城市的发展改建中，我们必然要遭遇到旧的和新的之间，现在和将来之间的矛盾的问题。具有重要历史艺术价值的文物必须保存，但是有些价值较差的，或是可能妨碍发展的旧建筑是可能被拆除的，因此这也是一种"清理、剔除、吸收"的工作，必须慎重从事。在这工作中，我们要注重历史价值和艺术价值。富有代表性和说明性的文物就是富有历史价值的。有许多建筑曾为封建帝王或官僚地主所有，但它的本身却是劳动人民劳动的果实。我们也要重视文物本身的艺术价值。例如北京的天安门、故宫、太庙（劳动人民文化宫），它们的艺术价值是全世界公认的；它们过去是封建主所有的，今天已都是人民自己的珍宝了。对于建筑的评价，在改建城市的工作中是极重要的，评价的任务往往须由我们考古工作者担负起来。因此我们必须认清造成某一建筑物的时代背景和历史条件，认识它的艺术价值，不能凭主观出发。近代的高大的建筑不一定比某些古代的小建筑有价值；石头的不一定就比砖木的好。我们不应该以现代的尺度去衡量古代建筑的价值，正如李四光先生所说："难道我们要以建造爱菲尔铁塔的方式来研究万里长城吗？"一座文物建筑一旦被盲目拆毁，我们是永远不能把它偿还给我们的子孙的。但是我们绝不应将一切古建筑"生吞活剥地毫无批判地吸收"，也"不是颂古非今，不是赞扬任何封建的毒素"，而是"给历史以一定的科学的地位，是尊重历史的辩证法的发展"，"主要的不是要引导他们——（人民群众）——向后看，而是要引导他们向前看"。在一座城市的发展和改建的工作中，考古工作者对于过去要负责，对于将来更要负责。

这个任务的另一方面是文物建筑的修缮问题。我们要避免不知道古建筑的结构而修理古建筑。我希望同志们多做历史研究工作，从形式上、结构上、材料上、雕饰上、总的部署上去认识时代的和地方的特征，做各种各样多方面的比较研究。千万不要一番好意去修古文物建筑，因为这方面知识不够，反而损害了它。

祖国的建筑传统与当前的建设问题

梁思成　林徽因

两年多以前，解放了的中国人民就开始了全国性的建设工作。从那时到今天这短短的期间内，全国人民所建造的房屋面积比以往五千年历史中任何一个三年都多。土地改革后的农村中出现了数以百万计的新农舍；城市中出现了无数的工厂、学校、托儿所、医院、办公楼、工人住宅和市民住宅。通过这样庞大规模的工作，全国的建筑工人、建筑师和工程师都不断地提高了自己的政治觉悟，以最愉快的心情和高度的热情接受了全国人民交给他们的光荣任务——全心全意地进行一切和平建设，为美好的社会主义社会打下基础。

过去一世纪以来，我国沿海岸的大城市赤裸裸地反映了半殖民地的可耻的特性。上海是伦敦东头的缩影，青岛和大连的建筑完全反映日耳曼和日本的气氛。官僚地主丧失了民族自尊心，买办们崇拜外国商人在我们的土地上所蛮横地建造的"洋楼"，大城市的建筑工人也被迫放弃了自己的传统和艺术，为所谓"洋式建筑"服务。我国原有的建筑不但被鄙视，并且大量地被毁灭，城市原有的完整性，艺术风格的一致性，被强暴地破坏了，帝国主义的军事、经济、文化的侵略本质，在我们许多城市中的建筑上显著而具体地表现了出来。

建筑本来是有民族特性的，它是民族文化中最重要的表现之一；新中国的建筑必须建筑在民族优良传统的基础上，这已是今天中国大多数建筑师们所承认的原则。凡是参加城市建筑设计的建筑师们都负有三重艰巨任务：他们必须肃清许多城市中过去半殖民地的可耻的丑恶面貌，必须恢复我们建筑上的民族特性，发扬光大祖国高度艺术性的建筑体系，同时又必须吸收外国的，尤其是苏联的先进经验，以满足新民主主义的经济建设和文化建设中众多而繁复的需求，真正地表现毛泽东时代的新中国的精神。

在人类各民族的建筑大家庭中，中华民族的建筑是一个独特的体系。我们祖先采用了一个极其智慧的方法：在一个台基上用木材先树立构架以负荷上部的重量；墙壁只做分隔内外的作用而不必负重，因而门窗的大小和位置都能取得最大的自由，不受限制。这个建筑体系能够适应任何气候，适用于从亚热带到亚寒带的广大地区。这种构架法正符合现代的钢架或钢筋水泥构架的原则,如果中国建筑采用这类现代材料和技术,在大体上是毫不矛盾的。这也是保持中国风格的极有利条件。

我们古代的建筑匠师们积累了世代使用木材的特别经验,创造了在柱头之上用层叠的挑梁,以承托上面横梁,使得屋顶部分出檐深远,瓦坡的轮廓优美。用层叠挑出的木材所构成的每一个组合称作"斗栱"。"斗栱"和它们所承托的庄严的屋顶,都是中国建筑上独有的特征,和欧洲教堂石骨发券结构一样,都是人类在建筑上所达到的高度艺术性的工程。我们古代的匠师们还巧妙地利用保护木材的油漆,大胆地把不同的颜色组成美丽的彩画、图案。不但用在建筑内部,并且用在建筑外部檐下的梁枋上,取得外表上的优异的效果。在屋瓦上,我们也利用有色的琉璃瓦。这种用颜色的艺术是中国建筑体系的一个显著特征。在应用色调和装潢方面,中国匠师表现出极强的控制能力,在建筑上所取得的总效果都表现着适当的富丽而又趋向于简练。另外还有一个特点:在中国建筑中,每一个露在外面的结构部分同时也就是它的装饰部分;那就是说,每一件装饰品都是加了工的结构部分。中国建筑的装饰与结构是完全统一的。天安门就是这一切优点的卓越的典型范例。

在平面布置上，一所房屋是由若干座个别的厅堂廊庑和由它们围绕着而形成的庭院或若干庭院组合而成的。建筑物和它们所围绕而成的庭院是作为一个整体而设计的。在处理空间的艺术上也达到了最高度的成就。

中国的建筑体系至迟在公元前十五世纪已经形成，至迟到汉朝（公元前二〇六年至公元二二〇年）就已经完全成熟，木结构的形式，包括梁柱、斗栱和屋顶，已经被"翻译"到石建筑上去了。中国建筑虽然也采用砖石建造一些重要的工程和纪念性的建筑物，但仍以木结构为主，继续发展它的特长，使它日臻完善，这样成功地赋予纯粹木构建筑以宏大的气魄，是世界各建筑体系中所没有的现象。这种庄重堂皇的建筑物最卓越显著的范例莫如北京的宫殿，那是所有到过北京的人们所熟悉的。当然，还有各地的许多庙宇衙署也都具有相同的品质。它们都以厅堂、门楼、廊庑以及它们所围绕着的庭院构成一个有机的整体，雄伟壮丽，它们能给人以不易磨灭的印象。这种同样的结构和部署用作住宅时，无论是乡间的农舍或是城市中的宅第，也都可以使其简朴而适合于日常工作和生活的需要。

古代木结构中一些个别罕贵重要的文物是应当在这里提到的。山西省五台山佛光寺的正殿是一座八五七年建造的佛教建筑，至今仍然十分完整（图九）。河北省蓟县的独乐寺中，立着中国第二古的木建筑，一座以两个正层和一个暗层构成的三层建筑也已经屹立了九百六十八年。这三层建筑是围绕着国内最大的一尊泥塑立像建造的。上两层的楼板当中都留出个"井"，让立像高贯三楼，结构极为工巧。木结构另一个伟大的奇迹是察哈尔应县佛宫寺的木塔，有五个正层和四个暗层，共九层；由刹尖到地面共高六十六公尺。这个极其大胆的结构表现，我国古代匠师在结构方面和艺术方面无可比拟的成就。再过四年，这座雄伟的建筑就满九百年的高龄了。从这几座千年左右的杰作中，我们不惟可以看到中国木构建筑的纪念性品质和工巧的结构，而且可以得出结论，这种木结构之所以能有这样的持久性，就是因为它的结构方法科学地合乎木材的性能。年龄在七百年以上的木建筑，据建筑史家局部的初步调查，全国还有三十余处。进一步有系统的调查，必然还要找到更多的遗物。可惜这三十余处中已经很少完整的全组，而只是个别的殿堂。成组的如察哈尔大同的善化寺（辽金时代）和山西太原的晋祠（北宋）都是极为罕贵的。北京故宫——包括太庙（文化宫）和社稷坛（中山公园）——全组的布局，虽然时代略晚，但规模之大，保存之完整，更是

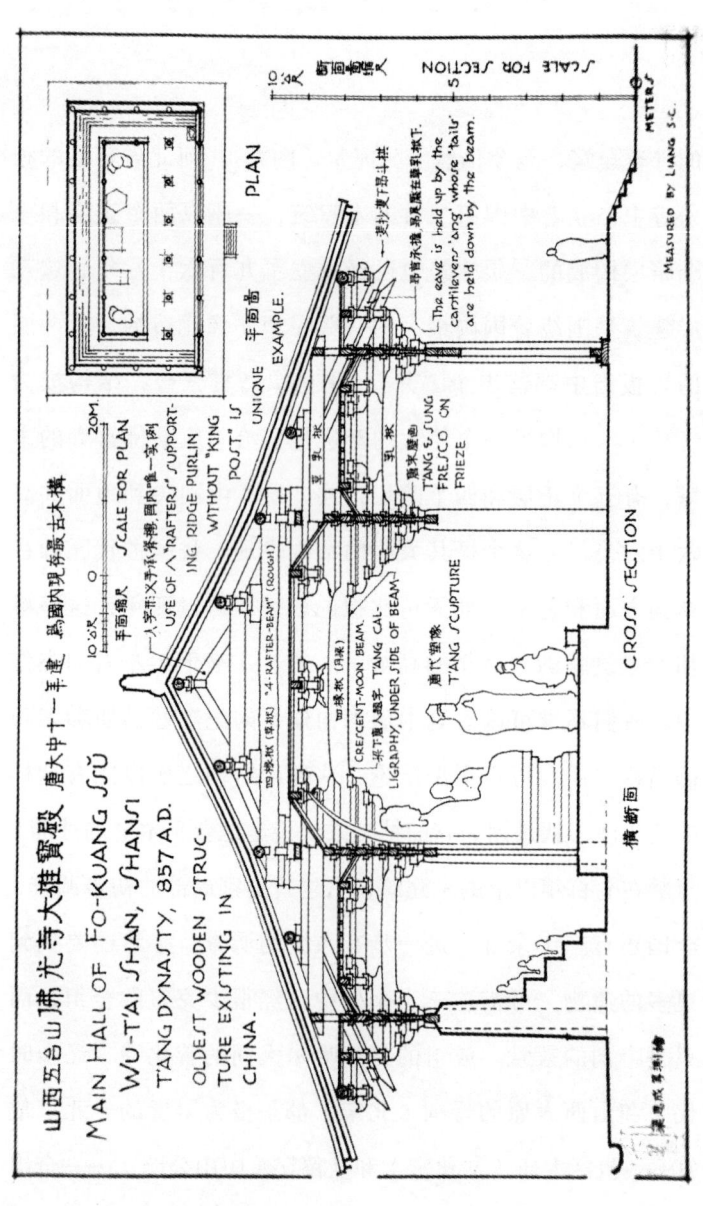

图九 山西五台山佛光寺大雄宝殿，建于唐大中十一年（公元857年）

珍贵无比的。

在砖或石的建筑方面，古代的工程师和建筑师们也发挥了高度的创造性。在陵墓建筑，防御工程，桥梁工程和水利工程上都有伟大的创造。

著名的万里长城起伏蜿蜒在二千三百余公里的山脊上，北京的城墙和巍峨的城门楼是构成北京的整体的一个重要因素。它们不是没有生命的砖石堆，而是浑厚伟大的艺术杰作。在造桥方面，一千三百年前建造的河北省赵县的大石桥是用一个跨度约三七•五○公尺的券做成的"空撞券桥"，像那样在主券上用小券的无比聪明的办法，直到一九一二年才初次被欧洲人采用；而在那样早的年代里，竟有一位名叫李春的匠人给我们留下这样一件伟大壮阔的工程，足以证明在那时候以前，我国智慧的劳动人民的造桥经验，已经是多么丰富了。

今日在全国的土地上最常见的砖石建筑是全国无数的佛塔，其中很多是艺术杰作。河南省嵩山嵩岳寺的砖塔是我国佛教建筑中最古的文物，建于公元五二○年，也是国内现存最古的砖建筑。它只是简单地用砖砌成，只有极少的建筑装饰。只凭它十五层的叠涩檐和柔和的抛物线所形成的秀丽挺拔的轮廓，已足以使它成为最伟大的艺术品。

在河北省涿县的双塔上，十一世纪的建筑师却极其巧妙地用砖作表现了木构建筑的形式，外表与略早的佛宫寺木塔几乎完全一样。虽然如此，它们仍充分地表现了砖石结构浑厚的品质。

砖石建筑在华北和西北广泛地被采用着，它们都用筒形券的结构。当以砖石作为殿堂时，则按建筑物纪念性之轻重，适当地用砖石表现木结构的样式。许多所谓"无梁殿"的建筑，如山西太原永祚寺明末（一五九五年）的大雄宝殿都属于这一类。

检查我们过去的许多建筑物，我们注意到两种重要事实：一、无论是木结构或砖石结构，无论在各地方有多少不同的变化，中国建筑几千年来都保持着一致的、一贯的、明确的民族特性。二、我们古代的匠师们善于在自己的传统的基础上适当地吸收外来的影响，丰富了自己，但从来没有因此而丧失了自己的民族特性。千余年来分布全国的佛教建筑和回教建筑最清晰地证明了这一点。但是自从帝国主义以武力侵略我国，文化上和平而自然的交流被蛮横的武力所代替以来，情形就不同了。沿海岸和长江上的一些"通商口岸"被侵略者用他们带来的建筑形式生硬地移植到原来的环境中，对于我国城市的环境风格加以傲慢的鄙视和粗暴的破坏。学校里训练出来新型的知识分子的建筑师竟全部放弃中国建筑的传统，由思想到技术完完全全地摹仿欧美的建筑体系，不折不扣地接受了欧美建筑传统，把它硬搬到祖国来，过去一世纪的中国建筑史正是中国近代被侵略史的另一悲惨的版本！

从清朝末年到解放以前，有些建筑师们只为少数地主、官僚、买办建造少数的公馆、洋行、公司，为没落的封建制度和半殖民地的政治经济服务。因为殖民地经济的可怜情况，建筑不但在结构和外表方面产生了许多丑恶类型，而且在材料方面，在平面的部署方面都堕落到最不幸的水平。建筑师们变成为帝国主义的经济、文化侵略服务，同时蔑视自己本国艺术遗产、优秀工匠和成熟而优越的技术传统。此后任何建筑作品都成了最不健康的殖民地文化的最明显的代表，反映着那时期的畸形的政治经济情况。到了解放的前夕，每一个爱国的建筑师越来越充满了痛苦而感到彷徨。

祖国的解放为我们全国的建筑师带来了空前的大转变。我们不但忽然得到了设计成千上万的住宅、工厂、学校、医院、办公楼的机会，我们不但在一两年中所设计的房屋面积就可能超过过去半生所设计的房屋面积的总和乃至若干倍，最主要的是我们知道我们的服务对象不是别人，而是劳动人民。我们是为祖国的和平的社会主义事业而建设，也是为世界的和平建设的一部分而努力。我们集体工作的成果将是这新时代的和平民主精神的表现。我们的工作充满了重要意义，在今天，任何建筑师，无论在经济建设或文化建设中，都是最活跃的一员。我们为这光荣的任务感到兴奋和骄傲。但是我们也因此而感到还应当以更严肃的态度担负起这沉重的责任。

这许多重大的意义，建筑师们不是一下子就认识到的。由于过去的习惯，起初我们只见到因为建造的量的增加使我们得以"一显身手"的许多机会；但很快地一个严重的问题使我们思索了。这么大量的建造之出现将要改变祖国千百个城市的面貌。我们应该用什么材料、什么结构、什么形式来处理呢？这是需要认真地思虑的，是必须有正确领导的，是不能任其自流和盲目发展的，好在在这里，共同纲领的文化教育政策已给了我们一个行动指南。这就是毛主席所提出的新民主主义的文化教育政策。

遵照毛主席在《新民主主义论》中对于新文化的英明正确的分析，中国的新文化是民族的。它是反对帝国主义压迫，主张中华民族的尊严和独立的。它是我们这个民族的，带有我们的民族特性。因此新中国的建筑当然也"应有自己的形式，这就是民族形式。民族的形式，新民主主义的内容"。

中国的新建筑必须是"科学的。……主张实事求是，主张客观真理，主张理论与实践一致的""……是从古代的旧文化发展而来"的。新中国的建筑师"必须尊重自己的历史，决不能割断历史。……尊重历史的辩证法的发展，而不是颂古非今……不是要引导他们（人民群众）向后看，而是要引导他们向前看"。

这个新建筑"是大众的，因而即是民主的，它应为全民族中百分之九十以上的工农劳苦民众服务。……把提高和普及互相区别又互相联结起来"。

有了这样明确而英明的指示，建筑师们就应当认清方向，满怀信心，大踏步向前迈进。我们必须毫不犹疑地，无所留恋地扬弃那些资本主义的，割断历史的世界主义的各种流派建筑和各流派的反动理论；必须彻底批判"对世界文化遗产的虚无主义态度以及忽视民族艺术遗产的态度"（苏联建筑科学院院长莫尔德维诺夫语）。不可否认的，目前首先急待解决的是广大劳动人民工作和居住所大量需要的房屋的问题；目前所要达到的量是要超过于质的。但是我们相信，普及会与提高"互相联结起来"的。毛主席告诉我们："随同经济建设高潮的到来，不可避免地将要出现一个文化建设的高潮。"新中国的建筑师们正在为伟大的和平建设努力。我们目前正在为大规模的经济建设贡献出一切力量，但同时也必须准备迎接文化建设的高潮。新的设计必须努力提高水平。研究、理解、爱好过去的本国建筑的热情必须培养起来。在中央文化部的领导下，整理艺术遗产的工作已在每日加强。在中央教育部的领导下，在培养下一代的建筑师的教学方针上，已采用了苏联的先进教学计划，在创造中注重民族传统已是一个首要的重点。

全国人民有理由向建筑师们要求，也有理由相信，在很短的期间内，在全国的一切建筑设计中，新中国的建筑必然要获得巨大的成就，建筑师们的设计标准必然会显著地提高，因为我们会再度找到自己的传统的艺术特征，用最新的技术和材料，发展出光辉的、"为中国人民所喜爱"的、不愧为毛泽东时代的中国的新建筑。那就是新民主主义的，亦即我们"民族的、大众的"建筑。

第二章

長清靈巖寺
慧崇塔

论中国建筑之几个特征

林徽因

中国建筑为东方最显著的独立系统，渊源深远，而演进程序简纯，历代继承，线索不紊，而基本结构上又绝未因受外来影响致激起复杂变化者。不止在东方三大系建筑之中，较其他两系——印度及阿拉伯（回教建筑）——享寿特长，通行地面特广，而艺术又独臻于最高成熟点。即在世界东西各建筑派系中，相较起来，也是个极特殊的直贯系统。大凡一例建筑，经过悠长的历史，多参杂外来影响，而在结构，布置乃至外观上，常发生根本变化，或循地理推广迁移，因致渐改旧制，顿易材料外观，待达到全盛时期，则多已脱离原始胎形，另具格式。独有中国建筑经历极长久之时间，流布甚广大的地面，而在其最盛期中或在其后代繁衍期中，诸重要建筑物，均始终不脱其原始面目，保存其固有主要结构部分，及布置规模，虽同时在艺术工程方面，又皆无可置议地进化至极高程度。更可异的是：产生这建筑的民族的历史却并不简单，且并不缺乏种种宗教上、思想上、政治组织上的迭出变化；更曾经多次与强盛的外族或在思想上和平的接触（如印度佛教之传入），或在实际利害关系上发生冲突战斗。

这结构简单，布置平整的中国建筑初形，会如此的泰然，享受几千年繁衍的直系子嗣，自成一个最特殊、最体面的建筑大族，实是一桩极值得研究的现象。

虽然，因为后代的中国建筑，即达到结构和艺术上极复杂精美的程度，外表上却仍呈现出一种单纯简朴的气象，一般人常误会中国建筑根本简陋无甚发展，较诸别系建筑低劣幼稚。

这种错误观念最初自然是起于西人对东方文化的粗忽观察，常作浮躁轻率的结论，以致影响到中国人自己对本国艺术发生极过当的怀疑乃至鄙薄。好在近来欧美迭出深刻的学者对于东方文化慎重研究，细心体会之后，见解已迥异从前，积渐彻底会悟中国美术之地位及其价值。但研究中国艺术尤其是对于建筑，比较是一种新近的趋势。外人论著关于中国建筑的，尚极少好的贡献，许多地方尚待我们建筑家今后急起直追，搜寻材料考据，作有价值的研究探讨，更正外人的许多隔膜和谬解处。

在原则上，一种好建筑必含有以下三要点：实用；坚固；美观。实用者：切合于当时当地人民生活习惯，适合于当地地理环境。坚固者：不违背其主要材料之合理的结构原则，在寻常环境之下，含有相当永久性的。美观者：具有合理的权衡（不是上重下轻巍然欲倾，上大下小势不能支；或孤耸高峙或细长突出等等违背自然律的状态），要呈现稳重，舒适，自然的外表，更要诚实地呈露全部及部分的功用，不事掩饰，不矫揉造作，勉强堆砌。美观，也可以说，即是综合实用、坚稳，两点之自然结果。

一，中国建筑，不容疑义的，曾经包含过以上三种要素。所谓曾经者，是因为在实用和坚固方面，因时代之变迁已有疑问。近代中国与欧西文化接触日深，生活习惯已完全与旧时不同，旧有建筑当然有许多跟着不适用了。在坚稳方面，因科学发达结果，关于非永久的木料，已有更满意的代替，对于构造亦有更经济精审的方法。

已往建筑因人类生活状态时刻推移，致实用方面发生问题以后，仍然保留着它的纯粹美术的价值，是个不可否认的事实。和埃及的金字塔，希腊的巴瑟农庙（Parthenon）一样，北京的坛，庙，宫，殿，是会永远继续着享受荣誉的，虽然它们本来实际的功用已经完全失掉。纯粹美术价值，虽然可以脱离实用方面而存在，它却绝对不能脱离坚稳合理的结构原则而独立的。因为美的权衡比例，美观上的多少特征，全是人的理智技巧，在物理的限制之下，合理地解决了结构上所发生的种种问题的自然结果。

二，人工制造和天然趋势调和至某程度，便是美术的基本，设施雕饰于必需的结构部分，是锦上添花；勉强结构纯为装饰部分，是画蛇添足，足为美术之玷。

中国建筑的美观方面，现时可以说，已被一般人无条件地承认了。但是这建筑的优点，绝不是在那浅显的色彩和雕饰，或特殊之式样上面，却是深藏在那基本的，产生这美观的结构原则里，及中国人的绝对了解控制雕饰的原理上。我们如果要赞扬我们本国光荣的建筑艺术，则应该就它的结构原则，和基本技艺设施方面稍事探讨；不宜只是一味地，不负责任，用极抽象，或肤浅的诗意美谀，披挂在任何外表形式上，学那英国绅士骆斯背（Ruskin）对高矗式（Gothic）建筑，起劲地唱些高调①。

建筑艺术是个在极酷刻的物理限制之下，老实的创作。人类由使两根直柱架一根横楣，而能稳立在地平上起，至建成重楼层塔一类作品，其间辛苦艰难的展进，一部分是

---

① 此处指英国艺术评论家约翰·拉斯金（John Ruskin）。高矗，今译哥特，一种建筑风格。——编者注

工程科学的进境，一部分是美术思想的活动和增富。这两方面是在建筑进步的一个总题之下，同行并进的。虽然美术思想这边，常常背叛他们的共同目标——创造好建筑——脱逾常轨，尽它弄巧的能事，引诱工程方面牺牲结构上诚实原则，来将就外表取巧的地方。在这种情形之下时，建筑本身常被连累，损伤了真正的价值。在中国各代建筑之中，也有许多这样的证例，所以在中国一系列建筑之中的精品，也是极罕有难得的。

大凡一派美术都分有创造，试验，成熟，抄袭，繁衍，堕落诸期，建筑也是一样。初期作品创造力特强，含有试验性。至试验成功，成绩满意，达尽善尽美程度，则进到完全成熟期。成熟之后，必有相当时期因承相袭，不敢，也不能，逾越已有的则例；这期间常常是发生订定则例章程的时候。再来便是在琐节上增繁加富，以避免单调，冀求变换，这便是美术活动越出目标时。这时期始而繁衍，继则堕落，失掉原始骨干精神，变成无意义的形式。堕落之后，继起的新样便是第二潮流的革命元勋。第二潮流有鉴于已往作品的优劣，再研究探讨第一代的精华所在，便是考据学问之所以产生。

中国建筑的经过，用我们现有的，极有限的材料作参考，已经可以略略看出各时期的起落兴衰。我们现在也已走到应作考察研究的时代了。在这有限的各朝代建筑遗物里，很可以观察，探讨其结构和式样的特征，来标证那时代建筑的精神和技艺，是兴废还是优劣。但此节非等将中国建筑基本原则分析以后，是不能有所讨论的。

在分析结构之前，先要明了的是主要建筑材料，因为材料要根本影响其结构法的。中国的主要建筑材料为木，次加砖石瓦之混用。外表上一座中国式建筑物，可明显的分作三大部：台基部分；柱梁部分；屋顶部分。台基是砖石混用。由柱脚至梁上结构部分，直接承托屋顶者则全是木造。屋顶除少数用茅茨，竹片，泥砖之外自然全是用瓦。而这三部分——台基，柱梁，屋顶——可以说是我们建筑最初胎形的基本要素。

《易经》里"上古穴居而野处，后世圣人易之以宫室，上栋。下宇。以待风雨"。还有《史记》里："尧之有天下也，堂高三尺……"可见这"栋""宇"及"堂"（基）在最古建筑里便占定了它们的部分势力。自然最后经过繁重发达的是"栋"——那木造的全部，所以我们也要特别注意。

木造结构，我们所用的原则是"架构制"Framing System。在四根垂直柱的上端，用两横梁两横枋周围牵制成一"间架",(梁与枋根本为同样材料,梁较枋可略壮大。在"间"之左右称柁或梁,在间之前后称枋)。再在两梁之上筑起层叠的梁架以支横桁,桁通一"间"之左右两端,从之左右两端,从梁架顶上"脊瓜柱"上次第降下至前枋上为止。桁上钉椽,并排桄笆,以承瓦板,这是"架构制"骨干的最简单的说法。总之"架构制"之最负责要素是:(一)那几根支重的垂直立柱;(二)使这些立柱,互相发生联络关系的梁与枋;(三)横梁以上的构造:梁架,横桁,木椽,及其他附属木造,完全用以支承屋顶的部分。

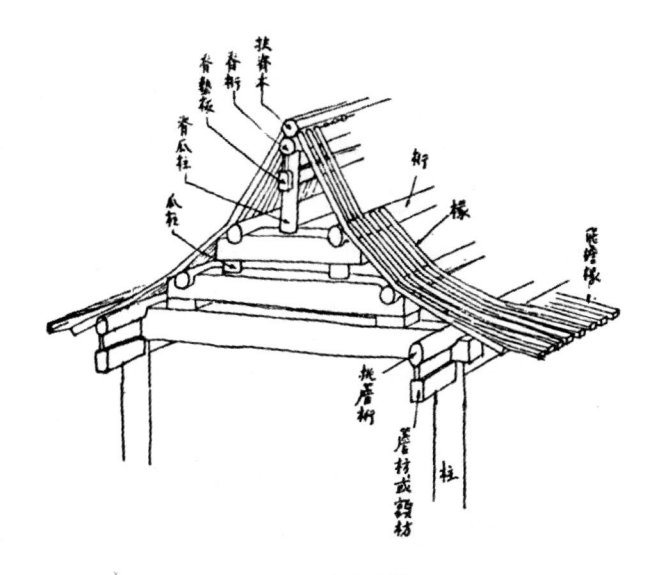

图十 "架构制"

"间"在平面上是一个建筑的最低单位。普通建筑全是多间且为单数。有"中间"或"明间""次间""稍间""套间"等称。

中国"架构制"与别种制度（如高矗式之"砌栱制"，或西欧最普通之古典派"垒石"建筑）之最大分别：（一）在支重部分之完全倚赖立柱，使墙的部分不负结构上重责，只同门窗隔屏等，尽相似的义务——间隔房间，分划内外而已。（二）立柱始终保守木质不似古希腊之迅速代之以垒石柱，且增加负重墙（Bearing wall），致脱离"架构"而成"垒石"制。

这架构制的特征，影响至其外表式样的，有以下最明显的几点：（一）高度无形的受限制，绝不出木材可能的范围。（二）即极庄严的建筑，也是呈现绝对玲珑的外表。结构上既绝不需要坚厚的负重墙，除非故意为表现雄伟的时候，酌量增用外（如城楼等建筑），任何大建，均不需墙壁堵塞部分。（三）门窗部分可以不受限制，柱与柱之间可以完全安装透光线的细木作——门屏窗牖之类。实际方面，即在玻璃未发明以前，室内已有极充分光线。北方因气候关系，墙多于窗，南方则反是，可伸缩自如。

这不过是这结构的基本方面，自然的特征。还有许多完全是经过特别的美术活动，而成功的超等特色，合中国建筑占极高的美术位置的，而同时也是中国建筑之精神所在。这些特色最主要的便是屋顶、台基、斗栱、色彩和均称的平面布置。

屋顶本是建筑上最实际必需的部分，中国则自古，不殚繁难的，使之尽善尽美。使切合于实际需求之外，又特具一种美术风格。屋顶最初即不止为屋之顶，因雨水和日光的切要实题，早就扩张出檐的部分。使檐突出并非难事，但是檐深则低，低则阻碍光线，且雨水顺势急流，檐下溅水问题因之发生。为解决这个问题，我们发明飞檐，用双层瓦椽，使檐沿稍翻上去，微成曲线。又因美观关系，使屋角之檐加甚其仰翻曲度。这种前边成曲线，四角翘起的"飞檐"，在结构上有极自然又合理的布置，几乎可以说它便是结构法所促成的。

如何是结构法所促成的呢？简单说：例如"庑殿"式的屋瓦，共有四坡五脊。正脊寻常称房脊，它的骨架是脊桁。那四根斜脊，称"垂脊"，它们的骨架是从脊桁斜角，下伸至檐桁上的部分，称由戗及角梁。桁上所钉并排的椽子虽像全是平行的，但因偏左右的几根又要同这"角梁平行",所以椽的部位,乃由真平行而渐斜,像裙裾的开展。

角梁是方的,椽为圆径(有双层时上层便是方的,角梁双层时则仍全是方的)。角梁的木材大小几乎倍于椽子,到椽与角梁并排时,两个的高下不同,以致不能在它们上面铺钉平板,故此必须将椽依次地抬高,令其上皮同角梁上皮平,在抬高的几根椽子底下填补一片三角形的木板称"枕头木",如图十一。

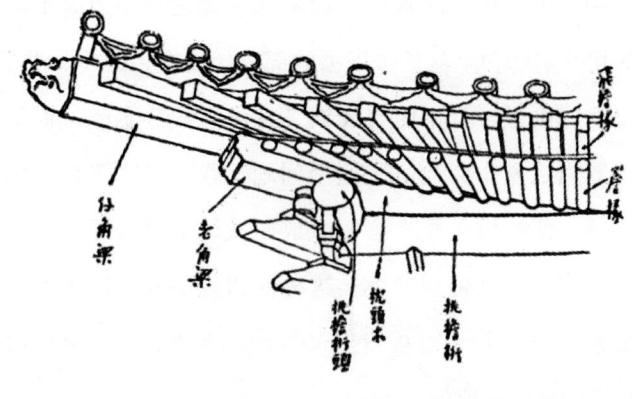

图十一 飞檐

这个曲线在结构上几乎不可信的简单和自然,而同时在美观方面不知增加多少神韵。飞檐的美,绝用不着考据家来指点的。不过注意那过当和极端的倾向常将本来自然合理的结构变成取巧与复杂。这过当的倾向,外表上自然也呈出脆弱，虚张的弱点，不为审美者所取，但一般人常以为愈巧愈繁必是愈美，无形中多鼓励这种倾向。南方手艺灵活的地方，过甚的飞檐便是这种证例。外观上虽是浪漫的姿态，容易引诱赞美，但到底不及北方的庄重恰当，合于审美的最真的条件。

屋顶曲线不止限于挑檐，即瓦坡的全部也不是一片直坡倾斜下来，屋顶坡的斜度是越往上越增加，如图十二。

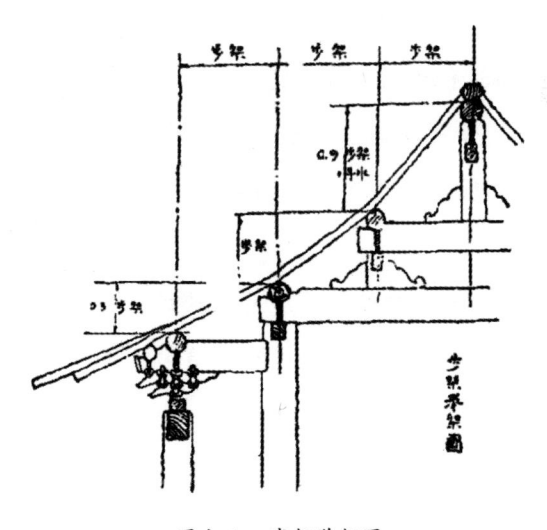

图十二　步架举架图

这斜度之由来是依着梁架叠层的加高，这制度称作"举架法"。这举架的原则极其明显，举架的定例也极其简单只是叠次将梁架上瓜柱增高,尤其是要脊瓜柱特别高。

使檐沿作仰翻曲度的方法,在增加第二层檐椽,这层檐甚短只驮在头檐椽上面,再出挑一节,这样则檐的出挑虽加远,而不低下阻蔽光线。

总的说起来,历来被视为极特异神秘之屋顶曲线,并没有什么超出结构原则,和不自然造作之处,同时在美观实用方面均是非常得成功。这屋顶坡的全部曲线,上部巍然高举,檐部如翼轻展,使本来极无趣,极笨拙的屋顶部,一跃而成为整个建筑的美丽冠冕。

在周礼里发现有"上欲尊而宇欲卑;上尊而宇卑,则吐水疾而霤远"之句。这句可谓明晰地写出实际方面之功效。

既讲到屋顶,我们当然还是注意到屋瓦上的种种装饰物。上面已说过,雕饰必是设施于结构部分才有价值,那么我们屋瓦上的脊瓦吻兽又是如何?

脊瓦可以说是两坡相连处的脊缝上一种镶边的办法,当然也有过当复杂的,但是诚实地来装饰一个结构部分,而不肯勉强地来掩饰一个结构枢纽或关节,是中国建筑最长之处。

瓦上的脊吻和走兽,无疑的,本来也是结构上的部分。

现时的龙头形"正吻"古称"鸱尾",最初必是总管"扶脊木"和脊桁等部分的一块木质关键,这木质关键突出脊上,略作鸟形,后来略加点缀竟然刻成鸱鸟之尾,也是很自然的变化。其所以为鸱尾者还带有一点象征意义,因有传说鸱鸟能吐水拿它放在瓦脊上可制火灾。

走兽最初必为一种大木钉,通过垂脊之瓦,至"由戗"及"角梁"上,以防止斜脊上面瓦片的溜下,唐时已变成两座"宝珠"在今之"戗兽"及"仙人"地位上。后代鸱尾变成"龙吻",宝珠变成"戗兽"及"仙人",尚加增"戗兽""仙人"之间一列"走兽",也不过是雕饰上变化而已。

并且垂脊上戗兽较大,结束"由戗"一段,底下一列走兽装饰在角梁上面,显露基本结构上的节段,亦甚自然合理。

南方屋瓦上多加增极复杂的花样,完全脱离结构上任务纯粹的显示技巧,甚属无聊,不足称扬。

外国人因为中国人屋顶之特殊形式,迥异于欧西各系,早多注意及之。论说纷纷,妙想天开。有说中国屋顶乃根据游牧时代帐幕者,有说象形蔽天之松枝者,有目中国飞檐为怪诞者,有谓中国建筑类儿戏者,有的全由走兽龙头方,无谓地探讨意义,几乎不值得在此费时反证。总之这种曲线屋顶已经从结构上分析了，又从雕饰设施原则上审察了，而其美观实用方面又显著明晰，不容否认。我们结论实可以简单地承认它艺术上的大成功。

中国建筑的第二个显著特征，并且与屋顶有密切关系的，便是"斗栱"部分（图十三）。最初檐承于椽，椽承于檐桁，桁则架于梁端。此梁端既是由梁架延长，伸出柱的外边。但高大的建筑物出檐既深，单指梁端支持，势必不胜，结果必产生重叠木"翘"支于梁端之下。但单借木不

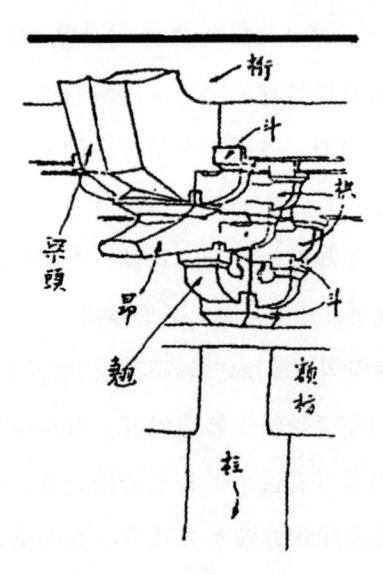

图十三 斗栱结构图

够担全檐沿的重量,尤其是建筑物愈大,两柱间之距离也愈远,所以又生左右岔出的横"拱"来接受"檐桁"。这前后的木翘,左右的横拱,结合而成的"斗拱"全部(在拱或翘昂的两端和相交处,介于上下两层拱或翘之间的斗形木块称"枓")。"昂"最初为又一种之翘,后部斜伸出斗拱后用以支"金桁"。

斗拱是柱与屋顶间的过渡部分。使支出的房檐的重量渐次集中下来直到柱的上面。斗拱的演化,每是技巧上的进步,但是后代斗拱(约略从宋元以后),便变化到非常复杂,在结构上已有过当的部分,部位上也有改变。本来斗拱只限于柱的上面(今称柱头斗),后来为外观关系,又增加一攒所谓"平身科"者,在柱与柱之间。明清建筑上平身科加增到六七攒,排成一列,完全成为装饰品,失去本来功用。"昂"之后部功用便废除,只余前部形式而已。

不过当复杂的斗拱,的确是柱与檐之间最恰当的关节,集中横展的屋檐重量,到垂直的立柱上面,同时变成檐下的一种点缀,可作结构本身变成装饰部分的最好条例。可惜后代的建筑多减轻斗拱的结构上重要,使之几乎纯为奢侈的装饰品,令中国建筑失却一个优越的中坚要素。

斗拱的演进式样和结构限于篇幅不能再仔细述说,只能就它的极基本原则上在此指出它的重要及优点。

斗栱以下的最重要部分，自然是柱，及柱与柱之间的细巧的木作。魁伟的圆柱和细致的木刻门窗对照，又是一种艺术上的满意之点。不止如此，因为木料不能经久的原始缘故，中国建筑又发生了色彩的特征。涂漆在木料的结构上为的是：（一）保存木质抵制风日雨水，（二）可牢结各处接合关节，（三）加增色彩的特征，这又是兼收美观实际上的好处，不能单以色彩作奇特繁华之表现。彩绘的设施在中国建筑上，非常之慎重，部位多限于檐下结构部分，在阴影掩映之中。主要彩色亦为"冷色"如青蓝碧绿，有时略加金点。其他檐以下的大部分颜色则纯为赤红，与檐下彩绘正成反照。中国人的操纵色彩可谓轻重得当。设使滥用彩色于建筑全部，使上下耀目辉煌，必成野蛮现象，失掉所有庄严和调谐，别系建筑颇有犯此忌者，更可见中国人有超等美术见解。

至彩色琉璃瓦产生之后，连黯淡无光的青瓦，都成为片片堂皇的黄金碧玉，这又是中国建筑的大光荣，不过滥用杂色瓦，也是一种危险，幸免这种引诱，也是我们可骄傲之处。

还有一个最基本结构部分——台基——虽然没有特别可议论称扬之处，不过在全个建筑上看来，有如许壮伟巍峨的屋顶如果没有特别舒展或多层的基座托衬，必显出上重下轻之势，所以既有那特种的屋顶，则必须有这相当的基座，架构建筑本身轻于垒砌建筑，中国又少有多层楼阁，基础结构颇为简陋，大建筑的基座加有相当的石刻花纹，这种花纹的分配似乎是根据原始木质台基而成，积渐施之于石。与台基连带的有石栏，石阶，辇道的附属部分，都是各有各的功用而同时又都是极美的点缀品。

最后的一点关于中国建筑特征的，自然是它的特种的平面布置。平面布置上最特殊处是绝对本着均衡相称的原则，左右均分的对峙。这种分配倒并不是由于结构，主要原因是起于原始的宗教思想和形式，社会组织制度，人民俗习，后来又因喜欢守旧仿古，多承袭传统的惯例。结果均衡相称的原则变成中国特有的一个固执嗜好。

例外于均衡布置建筑，也有许多。因庄严沉闷的布置，致激起故意浪漫的变化；此类若园庭、别墅，宫苑楼阁者是平面上极其曲折变幻，与对称的布置正相反其性质。中国建筑有此两种极端相反布置，这两种庄严和浪漫平面之间，也颇有混合变化的实例，供给许多有趣的研究，可以打消西人浮躁的结论，谓中国建筑布置上是完全的单调而且缺乏趣味。但是画廊亭阁的曲折纤巧，也得有相当的限制。过于勉强取巧的人工虽可令寻常人惊叹观止，却是审美者所最鄙薄的。

  在这里我们要提出中国建筑上的几个弱点。（一）中国的匠师对木料，尤其是梁，往往用得太费。他们显然不明了横梁载重的力量只与梁高成正比例，而与梁宽的关系较小。所以梁的宽度，由近代的工程眼光看来，往往嫌其太过。同时匠师对于梁的尺寸，因没有计算木力的方法，不得不尽量的放大，用极大的Factor of safety，以保安全，结果是材料的大靡费。（二）他们虽知道三角形是唯一不变动的几何形，但对于这原则极少应用。所以中国的屋架，经过不十分长久的岁月，便有倾斜的危险。我们在北平街上，到处可以看见这种倾斜而用砖墙或木桩支撑的房子。不惟如此，这三角形原则之不应用，也是屋梁费料的一个大原因，因为若能应用此原则，梁就可用较小的木料。（三）地基太浅是中国建筑的大病。普通则例规定是台明高之一半，下面再垫上几点灰土。这种做法很不彻底，尤其是在北方，地基若不刨到结冰线（Frost Line）以下，建筑物的坚实方面，因地的冻冰，一定要发生问题。好在这几个缺点，在新建筑师的手里，并不成难题。我们只怕不了解，了解之后，要去避免或纠正是很容易的。

结构上细部枢纽，在西洋诸系中，时常成为被憎恶部分。建筑家不惜费尽心思来掩蔽它们。大者如屋顶用女儿墙来遮掩，如梁架内部结构，全部藏入顶篷之内；小者如钉，如合页，莫不全是要掩藏的细部。独有中国建筑敢袒露所有结构部分，毫无畏缩遮掩的习惯，大者如梁，如椽，如梁头，如屋脊；小者如钉，如合页，如箍头，莫不全数呈露外部，或略加雕饰，或布置成纹，使转成一种点缀。几乎全部结构各成美术上的贡献。这个特征在历史上，除西方高矗式（Gothic）建筑外，惟有中国建筑有此优点。

现在我们方在起始研究，将来若能将中国建筑的源流变化悉数考察无遗，那时优劣诸点，极明了地陈列出来，当更可以慎重讨论，做将来中国建筑起途的指导。省得一般建筑家，不是完全遗弃这已往的制度，则是追随西人之后，盲目抄袭中国宫殿，做无意义的尝试。

关于中国建筑之将来，更有特别可注意的一点：我们架构制的原则适巧和现代"洋灰铁筋架"或"钢架"建筑同一道理，以立柱横梁牵制成架为基本。现代欧洲建筑为现代生活所驱，已断然取革命态度，尽量利用近代科学材料，另具方法形式，而迎合近代生活之需求。若工厂，学校，医院，及其他公共建筑等为需要日光便利，已不能仿取古典派之垒砌制，致多墙壁而少窗牖。中国架构制既与现代方法恰巧同一原则，将来只需变更建筑材料，主要结构部分则均可不有过激变动，而同时因材料之可能，更作新的发展，必有极满意的新建筑产生。

《清式营造则例》绪论[①]

林徽因

一

中国建筑为东方独立系统，数千年来，继承演变，流布极广大的区域。虽然在思想及生活上，中国曾多次受外来异族的影响，发生多少变异，而中国建筑直至成熟繁衍的后代，竟仍然保存着它固有的结构方法及布置规模；始终没有失掉它原始面目，形成一个极特殊，极长寿，极体面的建筑系统。故这统系建筑的特征，足以加以注意的，显然不单是其特殊的形式，而是产生这特殊形式的基本结构方法，和这结构法在这数千年中单纯顺序的演进。

所谓原始面目，即是我国所有建筑，由民舍以至宫殿，均由若干单个独立的建筑物集合而成；而这单个建筑物，由最古代简陋的胎形，到最近代穷奢极巧的殿宇，均始终保

[①]《清式营造则例》的"序"中，梁思成先生提到："内子林徽音在本书上为我分担的工作，除'绪论'外，自开始至脱稿以后数次的增删修改，在照片之摄制及选择，图版之分配上，我实指不出彼此分工区域，最后更精心校读增删。所以至少说她便是这书一半的著者才对。"——编者注

留着三个基本要素：台基部分，柱梁或木造部分，及屋顶部分。在外形上，三者之中，最庄严美丽，迥然殊异于他系建筑，为中国建筑博得最大荣誉的，自是屋顶部分。但在技艺上，经过最艰巨的努力，最繁复的演变，登峰造极，在科学美学两层条件下最成功的，却是支承那屋顶的柱梁部分，也就是那全部木造的骨架。这全部木造的结构法，也便是研究中国建筑的关键所在。

中国木造结构方法，最主要的就在构架（structural frame）之应用。北方有句通行的谚语，"墙倒房不塌"，正是这结构原则的一种表征。其用法则在构屋程序中，先用木材构成架子作为骨干，然后加上墙壁，如皮肉之附在骨上，负重部分全赖木架；毫不借重墙壁，所有门窗装修部分绝不受限制，可尽量充满木架下空隙，墙壁部分则可无限制地减少。这种结构法与欧洲古典派建筑的结构法，在演变的程序上，互异其倾向。

中国木构正统一贯享了三千多年的寿命，仍还健在。希腊古代木构建筑则在纪元前十几世纪，已被石取代，由构架变成垒石，支重部分完全倚赖"荷重墙"（bearing wall），墙既荷重，墙上开辟门窗处，因能减损荷重力量，遂受极大限制；门窗与墙在同建筑中乃成冲突原素。在欧洲各派建筑中，除去最现代始盛行的钢架法，及钢筋水泥构架法外，唯有高蠹式（Gothic）①建筑，曾经用过构架原理；但高蠹式仍是垒石发券（arch）作为构架，规模与单纯木架甚是不同。高蠹式中又有所谓"半木构法"（half timber）则与中国构架极相类似。唯因有垒石制影响之同时存在，此种半木构法之应用，始终未能如中国构架之彻底纯净。

屋顶的特殊轮廓为中国建筑外形上显著的特征，屋檐支出的深远则又为其特点之一。为求这檐部的支出，用多层曲木承托，便在中国构架中发生了一个重要的斗栱部分；这斗栱本身的进展，且代表了中国各时代建筑演变的大部分历程。斗栱不唯是中国建筑独有的一个部分，而且在后来还成为中国建筑独有的一种制度。就我们所知，至迟自宋始，斗栱就有了一定的大小权衡；以斗栱之一部为全部建筑物权衡的基本单位，如宋式之"材""契"与清式之"斗口"。这制度与欧洲文艺复兴以后以希腊罗马旧物作则所制定的法式（order），以柱径之倍数或分数定建筑物各部一定的权衡（proportion），极相类似。所以这用斗栱的构架，实是中国建筑真髓所在。

斗栱后来虽然变成构架中极复杂之一部，原始却甚简

---

① 今译哥特式。——编者注

单,它的历史竟可以说与华夏文化同长。秦汉以前,在实物上,我们现在还没有发现有把握的材料,供我们研究,但在文献里,关于描写构架及斗栱的词句,则多不胜载:如臧文仲之"山节藻棁",鲁灵光殿"层栌磥垝以岌峨,曲枅要绍而环句……"等。但单靠文人的辞句,没有实物的印证,由现代研究工作的眼光看去极感到不完满。没有实物我们是永没有法子真正认识,或证实,如"山节""层栌""曲枅"这些部分之为何物,但猜疑它们为木构上斗栱部分,则大概不会太谬误的。现在我们只能希望在最近的将来考古家实地挖掘工作里能有所发现,可以帮助我们更确实地了解。

  实物真正之有"建筑的"价值者,现在只能上达东汉。墓壁的浮雕画像中往往有建筑的图形;山东、四川、河南多处的墓阙,虽非真正的宫室,但是用石料摹仿木造的实物。早代木造建筑,因限于木料之不永久性,不能完整地存在到今日,所以供给我们研究的古代实物,多半是用石料明显的摹仿木造建筑物。且此例不单限于中国古代建筑。在这两种不同的石刻之中,构架上许多重要的基本部分,如柱,梁,额,屋顶,瓦饰等等,多已表现;斗栱更是显著,与两千年后的,在制度,权衡,大小上,虽有不同,但其基本的观念和形体,却是始终一贯的。

在云冈,龙门,天龙山诸石窟,我们得见六朝遗物。其中天龙山石窟,尤为完善,石窟口凿成整个门廊;柱,额,斗栱,椽,檐,瓦,样样齐全。这是当时木造建筑忠实的石型,由此我们可以看到当时斗栱之形制,和结构雄大,简单疏朗的特征。

唐代给后人留下的实物最多是砖塔,垒砖之上又雕刻成木造部分,如柱,如阑额,斗栱。唐时木构建筑完整存在到今日,虽属可能,但在国内至今尚未发现过一个,所以我们常依赖唐人画壁里所描画的伽蓝,殿宇,来做各种参考。由西安大雁塔门楣上石刻——一幅惊人的清晰写真的描画——研究斗栱,知已较六朝更进一步。在柱头的斗栱上有两层向外伸出的翘,翘头上已有横栱厢栱。敦煌石窟中唐五代的画壁,用鲜明准确的色与线,表现出当时殿宇楼阁,凡是在建筑的外表上所看得见的结构,都极忠实地表现出来。斗栱虽是难于描画的部分,但在画里却清晰,可以看到规模。当时建筑的成熟实已可观。

全个木造实物,国内虽尚未得见唐以前物,但在日本则有多处,尚巍然存在。其中著名的,如奈良法隆寺之金堂,五重塔,和中门,乃飞鸟时代物,适当隋代,而其建造者乃由高丽东渡的匠师。奈良唐招提寺的金堂及讲堂乃唐僧鉴真法师所立，建于天平时代，适为唐肃宗至德二年。这些都是隋唐时代中国建筑在远处得流传者，为现时研究中国建筑演变的极重要材料；尤其是唐招提寺的金堂，斗栱的结构与大雁塔石刻画中的斗栱结构，几完全符合——一方面证明大雁塔刻画之可靠，一方面又可以由这实物一探当时斗栱结构之内部。

宋辽遗物甚多，即限于已经专家认识，摄影，或测绘过的各处来说，最古的已有距唐末仅数十年时的遗物。近来发现又重新刊行问世的李明仲《营造法式》一书，将北宋晚年"官式"建筑，详细地用图样说明，乃是罕中又罕的术书。于是宋代建筑蜕变的程序，步步分明。使我们对这上承汉唐，下启明清的关键，已有十分满意的把握。

元明术书虽然没有存在的，但遗物可征者，现在还有很多，不难加以相当整理。清代于雍正十二年钦定公布《工程做法则例》，凡在北平的一切公私建筑，在京师以外许多的"敕建"建筑，都崇奉则例，不敢稍异。现在北平的故宫及无数庙宇，可供清代营造制度及方法之研究。优劣姑不论，其为我国几千年建筑的嫡嗣，则绝无可疑。不研究中国建筑则已，如果认真研究，则非对清代则例相当熟识不可。在年代上既不太远，术书遗物又最完全，先着手研究清代，是势所必然。有一近代建筑知识作根底，研究古代建筑时，在比较上便不至茫然无所依傍，所以研究清式则例，也是研究中国建筑史者所必须经过的第一步。

二

以现代眼光，重新注意到中国建筑的一般人，虽尊崇中国建筑特殊外形的美丽，却常忽视其结构上之价值。这忽视的原因，常常由于笼统地对中国建筑存一种不满的成见。这不满的成见中最重要的成分，是觉到中国木造建筑之不能永久。其所以不能永久的主因，究为材料本身或是其构造法的简陋，却未尝深加探讨。中国建筑在平面上是离散的，若干座独立的建筑物，分配在院宇各方，所以虽然最主要雄伟的宫殿，若是以一座单独的结构，与欧洲任何全座负盛名的石造建筑物比较起来，显然小而简单，似有逊色。这个无形中也影响到近人对本国建筑的怀疑或蔑视。

中国建筑既然有上述两特征；以木材作为主要结构材料，在平面上是离散的独立的单座建筑物，严格的，我们便不应以单座建筑作为单位，与欧美全座石造繁重的建筑物作任何比较。但是若以今日西洋建筑学和美学的眼光来观察中国建筑本身之所以如是，和其结构历来所本的原则，及其所取的途径，则这统系建筑的内容，的确是最经得起严酷的分析而无所惭愧的。

我们知道一座完善的建筑，必须具有三个要素：适用，坚固，美观。但是这三个条件都不是有绝对的标准的。因为任何建筑皆不能脱离产生它的时代和环境来讲的；其实建筑本身常常是时代环境的写照。建筑里一定不可避免的，会反映着各时代的智识，技能，思想，制度，习惯，和各地方的地理气候。所以所谓适用者，只是适合于当时当地人民生活习惯气候环境而讲。所谓坚固，更不能脱离材料本质而论；建筑艺术是产生在极酷刻的物理限制之下，天然材料种类很多，不一定都凑巧地被人采用，被选择采用的材料，更不一定就是最坚固，最容易驾驭的。既被选用的材料，人们又常常习惯地继续将就它，到极长久的时间，虽然在另一方面，或者又引用其他材料，方法，在可能范围内来补救前者的不足。所以建筑艺术的进展，大部也就是人们选择，驾驭，征服天然材料的试验经过。所谓建筑的坚固，只是不违背其所用材料之合理的结构原则，运用通常智识技巧，使其在普通环境之下——兵火例外——能有相当永久的寿命的。例如石料本身比木料坚固，然在中国用木的方法竟达极高度的圆满，而用石的方法甚不妥当，且建筑上各种问题常不能独用石料解决，即有用石料处亦常发生弊病，反比木质的部分容易损毁。

至于论建筑上的美，浅而易见的，当然是其轮廓，色彩，材质等，但美的大部分精神所在，却蕴于其权衡中；长与短之比，平面上各大小部分之分配，立体上各体积各部分之轻重均等，所谓增一分则太长，减一分则太短的玄妙。但建筑既是主要解决生活上的各种实际问题，而用材料所结构出来的物体，所以无论美的精神多缥缈难以捉摸，建筑上的美，是不能脱离合理的，有机能的，有作用的结构而独立。能呈现平稳，舒适，自然的外象；能诚实地袒露内部有机的结构，各部的功用，及全部的组织；不事掩饰；不矫揉造作；能自然地发挥其所用材料的本质的特性；只设施雕饰于必需的结构部分，以求更和悦的轮廓，更调谐的色彩；不勉强结构出多余的装饰物来增加华丽；不滥用曲线或色彩来求媚于庸俗；这些便是"建筑美"所包含的各条件。

中国建筑，不容疑义的，曾经具备过以上所说的三个要素：适用，坚固，美观。在木料限制下经营结构"权衡俊美的"（beautifully proportioned），"坚固"的各种建筑物，来适应当时当地的种种生活习惯的需求。我们只说其"曾经"具备过这三要素；因为中国现代生活种种与旧日积渐不同。所以旧制建筑的各种分配，随着便渐不适用。尤其是因政治制度，和社会组织忽然改革，迥然与先前不同；一方面许多建筑物完全失掉原来功用——如宫殿，庙宇，官衙，城楼等等——一方面又需要因新组织而产生的许多公共建筑——如学校，医院，工厂，驿站，图书馆，体育馆，博物馆，商场等等——在适用一条下，现在既完全地换了新问题，旧的答案之不能适应，自是理之当然。

中国建筑坚固问题，在木料本质的限制之下，实是成功的。下文分析里，更可证明其在技艺上，有过极艰巨的努力，而得到许多圆满，且可骄傲的成绩。如"梁架"，如"斗栱"，如"翼角翘起"种种结构做法及用材。直至最近代科学猛进，坚固标准骤然提高之后，木造建筑之不永久性，才令人感到不满意。但是近代新发明的科学材料，如钢架及钢骨水泥，作木石的更经济更永久的替代，其所应用的结构原则，却正与我们历来木造结构所本的原则符合。所以即使木料本身有遗憾，因木料所产生的中国结构制度的价值则仍然存在，且这制度的设施，将继续地应用在新材料上，效劳于我国将来的新建筑。这一点实在是值得注意的。

已往建筑即使因人类生活状态之更换，致失去原来功用，其历史价值不论，其权衡俊秀或魁伟，结构灵活或诚朴，其纯美术的价值仍显然绝不能讳认的。古埃及的陵殿，希腊的神庙，中世纪的堡垒，文艺复兴中的宫苑，皆是建筑中的至宝，虽然其原始作用已全失去。虽然建筑的美术价值不会因原始作用失去而低减，但是这建筑的"美"却不能脱离适当的，有机的，有作用的结构而独立的。

中国建筑的美就是合于这原则；其轮廓的和谐，权衡的俊秀伟丽，大部分是有机、有用的，结构所直接产生的结果。并非因其有色彩，或因其形式特殊，我们推崇中国建筑；而是因产生这特殊式样的内部是智慧的组织，诚实的努力。中国木造构架中凡是梁，栋，檩，椽，及其承托，关联的结构部分，全部袒露无遗；或稍经修饰，或略加点缀，大小错杂，功用昭然。

三

虽然中国建筑有如上述的好处，但在这三千年中，各时期差别很大，我们不能笼统地一律看待。大凡一种艺术的始期，都是简单的创造，直率的尝试；规模粗具之后，才节节进步使达完善，那时期的演变常是生气勃勃的。成熟期既达，必有相当时期因承相袭，规定则例，即使对前制有所更改，亦仅限于琐节。单在琐节上用心"过犹不及"的增繁弄巧，久而久之，原始骨干精神必至全然失掉，变成无意义的形式。中国建筑艺术在这一点上也不是例外，其演进和退化的现象极明显的，在各朝代的结构中，可以看得出来。唐以前的，我们没有实物作根据，但以我们所知道的早唐和宋初实物比较，其间显明的进步，使我们相信这时期必仍是生气勃勃，一日千里的时期。结构中含蕴早期的直率及魄力，而在技艺方面又渐精审成熟。以宋代头一百年实物和北宋末年所规定的则例（宋李明仲《营造法式》）比看，它们相差之处，恰恰又证实成熟期到达后，艺术的运命又难免趋向退化。但建筑物的建造不易，且需时日，它的寿命最短亦以数十年，半世纪计算。所以演进退化，也都比较和缓转折。所以由南宋而元而明而清八百余年间，结构上的变化，虽无疑的均趋向退步，但中间尚有起落的波澜，结构上各细部虽多已变成非结构的形式，用材方面虽已渐渐过当的不经济，大部骨干却仍保留着原始结构的功用，构架的精神尚挺秀健在。

现在且将中国构架中大小结构各部做个简单的分析，再将几个部分的演变略为申述，俾研究清式则例的读者，稍识那些严格规定的大小部分的前身，且知分别何者为功用的，魁伟诚实的骨干，何者为功用部分之堕落，成为纤巧非结构的装饰物。即引用清式则例之时，若需酌量增减变换，亦可因稍知其本来功用而有所凭借；或恢复其结构功用的重要，或矫正其纤细取巧之不适当者，或裁削其不智慧的奢侈的用材。在清制权衡上既知其然，亦可稍知其所以然。

构架 木造构架所用的方法，是在四根立柱的上端，用两横梁两横枋周围牵制成一间。再在两梁之上架起层叠的梁架，以支桁；桁通一间之左右两端，从梁架顶上脊瓜柱上，逐级降落，至前后枋上为止。瓦坡曲线即由此而定。桁上钉椽，排比并列，以承望板；望板以上始铺瓦作，这是构架制骨干最简单的说法。这"间"所以是中国建筑的一个单位；每座建筑物都是由一间或多间合成的。

这构架方法之影响至其外表式样的，有以下最明显的几点：（一）高度受木材长短之限制，绝不出木材可能的范围。假使有高至二层以上的建筑，则每层自成一构架，相叠构成，如希腊，罗马之叠柱式（superpesed order）。

（二）即极庄严的建筑，也呈现绝对玲珑的外表。结构上无论建筑之大小，绝不需要坚厚的负重墙，除非故意为表现伟雄时，如城楼等建筑，酌量的增厚。（三）门窗大小可以不受限制；柱与柱之间可以全部安装透光线的小木作——门屏窗扇之类，使室内有充分的光线。不似垒石建筑门窗之为负重墙上的洞，门窗之大小与墙之坚弱是成反比例的。（四）层叠的梁架逐层增高，成"举架法"，使屋顶瓦坡自然的，结构的，得一种特别的斜曲线。

斗栱 中国构架中最显著且独有的特征便是屋顶与立柱间过渡的斗栱。椽出为檐，檐承于檐桁上，为求檐伸出深远，故用重叠的曲木——翘——向外支出，以承挑檐桁。为求减少桁与翘相交处的剪力，故在翘头加横的曲木——栱。在栱之两端或拱与翘相交处，用斗形木块——斗——垫托于上下两层栱或翘之间。这多数曲木与斗形木块结合在一起，用以支撑伸出的檐者，谓之斗栱。

这檐下斗栱的职务，是使房檐的重量渐次集中下来直到柱的上面。但斗栱亦不限于檐下，建筑物内部柱头上亦多用之，所以斗栱不分内外，实是横展结构与立柱间最重要的关节。

在中国建筑演变中，斗栱的变化极为显著，竟能大部分的代表各时期建筑技艺的程度及趋向。最早的斗栱实物我们没有木造的，但由仿木造的汉石阙上看，这种斗栱，明显的较后代简单得多；由斗上伸出横栱，栱之两端承檐桁。不止我们不见向外支出的翘，即和清式最简单的"一斗三升"比较，中间的一升亦未形成（虽有，亦仅为一小斗介于栱之两端）。直至北魏北齐如云冈天龙山石窟前门，始有斗栱像今日的一斗三升之制。唐大雁塔石刻门楣上所画斗栱，给予我们证据，唐时已有前面向外支出的翘（宋称华栱），且是双层，上层托着横栱，然后承桁。关于唐代斗栱形状，我们所知道的，不只限于大雁塔石刻，鉴真所建奈良唐招提寺金堂，其斗栱结构与大雁塔石刻极相似，由此我们也稍知此种斗栱后尾的结束。进化的斗栱中最有机的部分，"昂"亦由这里初次得见。昂的功用详下文。

国内我们所知道最古的斗栱结构，则是思成前年在河北蓟县所发现的独乐寺的观音阁，阁为北宋初年公元九八四物，其斗栱结构的雄伟，诚实，一望而知其为有功用有机能的组织。这个斗栱中两昂斜起，向外伸出特长，以支深远的出檐，后尾斜削挑承梁底，如是故这斗栱上有一种应力；以昂为横杆（lever），以大斗为支点，前檐为荷载，而使昂后尾下金桁上的重量下压维持其均衡

（equilibrium）。斗栱成为一种有机的结构，可以负担屋顶的荷载。

由建筑物外表之全部看来，独乐寺观音阁与敦煌的五代壁画极相似，连斗栱的构造及分布亦极相同。以此作最古斗栱之实例，向下跟着时代看斗栱演变的步骤，以至清代，我们可以看出一个一定的倾向，因而可以定清式斗栱在结构和美术上的地位。

下图是辽宋元明清斗栱比较图（图十四），不必细看，即可见其（一）由大而小，（二）由简而繁，（三）由雄壮而纤巧，（四）由结构的而装饰的，（五）由真结构的而成假刻的部分如昂部，（六）分布由疏朗而繁密。

图中斗栱 a 及 b 都是辽圣宗朝物，可以说是北宋初年的作品。其高度约占柱高之半至五分之二。f 柱与 b 柱同高，斗栱出踩较多一踩，按《工程做法则例》的尺寸，则斗栱高只及柱高之四分之一。而辽清间的其他斗栱如 c，d，e，f，年代逾后，则斗栱与柱高之比逾小。在比例上如此，实际尺寸上亦如此。于是后代的斗栱，日趋繁杂纤巧；斗栱的功用，日渐消失；如斗栱原为支檐之用，至清代则将挑檐桁放在梁头上，其支出远度无所赖于层层支出的曲木（翘或昂）。而辽宋斗栱，如 a 至 d 各图，均为一种有机的结

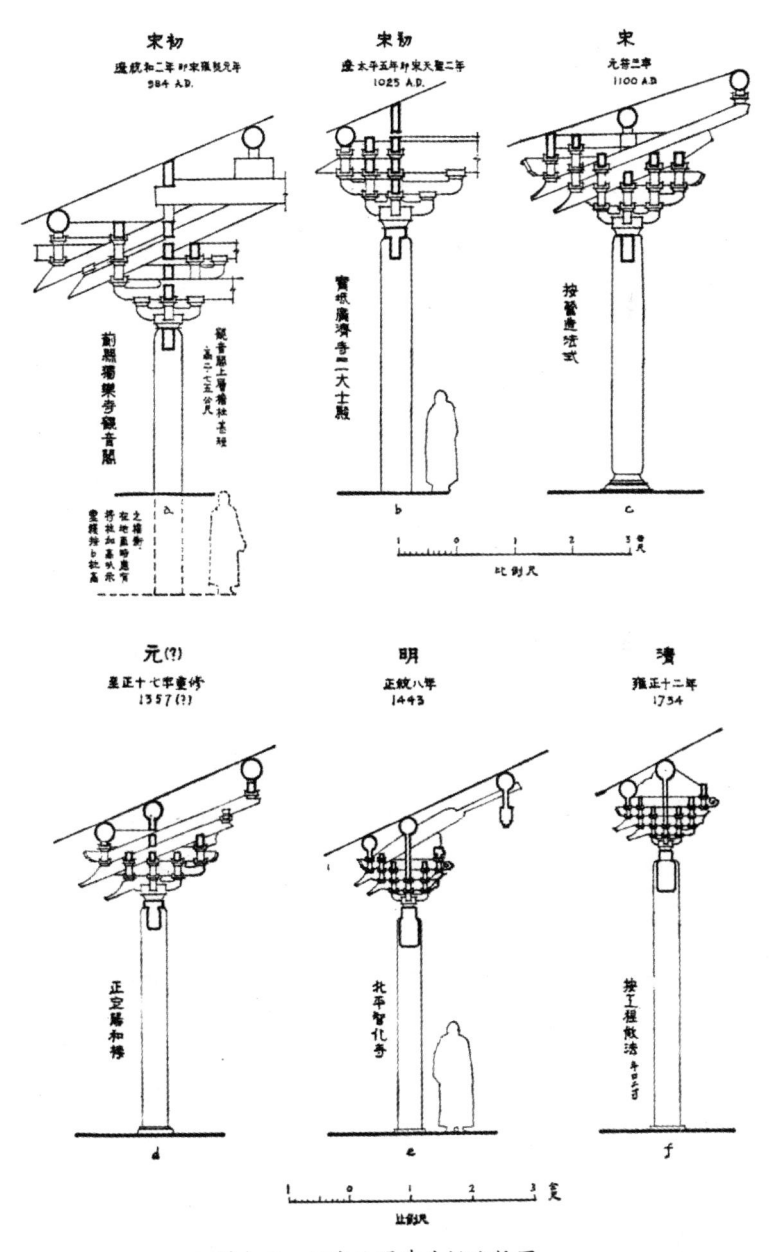

图十四　辽宋元明清斗栱比较图

构，负责的承檐及屋顶的荷载。明清以后的斗拱，除在柱头上者尚有相当结构机能外，其平身科已成为半装饰品了。至于斗栱之分布，在唐画中及独乐寺所见，柱头与柱头之间，率只用补间斗栱（清称平身科）一朵（攒）；《营造法式》规定当心间用两朵，次梢间用一朵。至明清以斗口十一分定攒档，两柱之间，可以用到八攒平身科，密密地排列，不止全没有结构价值，本身反成为额枋上重累，比起宋建，雄壮豪劲相差太多了。

梁架用材的力学问题，清式较古式及现代通用的结构法，都有个显著的大缺点。现代用木梁，多使梁高与宽作二与一或三与二之比，以求其最经济最得力的权衡。宋《营造法式》也规定为三与二之比。《工程做法则例》则定为十与八或十二与十之比，其断面近乎正方形，又是个不科学不经济的用材法。

屋顶 历来被视为极特异极神秘之中国屋顶曲线，其实只是结构上直率自然的结果，并没有什么超出力学原则以外和矫揉造作之处，同时在实用及美观上皆异常的成功。这种屋顶全部的曲线及轮廓，上部巍然高耸，檐部如翼轻展，使本来极无趣，极笨拙的实际部分，成为整个建筑物美丽的冠冕，是别系建筑所没有的特征。

因雨水和光线的切要实题，屋顶早就扩张出檐的部分。出檐远，檐沿则亦低压，阻碍光线，且雨水顺势急流，檐下亦发生溅水问题。为解决这两个问题，于是有飞檐的发明：用双层椽子，上层椽子微曲，使檐沿向上稍翻成曲线。到屋角时，更同时向左右抬高，使屋角之檐加甚其仰翻曲度。这"翼角翘起"，在结构上是极合理，极自然的布置，我们竟可以说：屋角的翘起是结构法所促成的。因为在屋角两檐相交处的那根主要构材——"角梁"及上段"由戗"——是较椽子大得很多的木材，其方向是与建筑物正面成四十五度的，所以那并排一列椽子，与建筑物正面成直角的，到了靠屋角处必须积渐开斜，使渐平行于角梁，并使最后一根直到紧贴在角梁旁边。但又因椽子同这角梁的大小悬殊，要使椽子上皮与角梁上皮平，以铺望板，则必须将这开舒的几根椽子依次抬高，在底下垫"枕头木"。凡此种种皆是结构上的问题适当的，被技巧解决了的。

这道曲线在结构上几乎是不可信的简单和自然；而同时在美观上不知增加多少神韵。不过我们须注意过当或极端的倾向，常将本来自然合理的结构变成取巧和复杂。这过当的倾向，表面上且呈出脆弱虚矫的弱点，为审美者所不取。但一般人常以愈巧愈繁必是愈美，无形中多鼓励这种倾向。南方手艺灵活的地方,飞檐及翘角均特别过当,外观上虽有浪漫的姿态,容易引人赞美,但到底不及北方现代所常见的庄重恰当,合于审美的真纯条件。

屋顶的曲线不只限于"翼角翘起"与"飞檐",即瓦坡的全部,也是微曲的不是一片直的斜坡;这曲线之由来乃从梁架逐层加高而成,称为"举架",使屋顶斜度越上越峻峭,越下越和缓。《考工记》:"……轮人为盖……上欲尊而宇欲卑,上尊而宇卑,则吐水疾而霤远",很明白的解释这种屋顶实际上的效用。在外观上又因这"上尊而宇卑",可以矫正本来屋脊因透视而减低的倾向,使屋顶仍得巍然屹立,增加外表轮廓上的美。

至于屋顶上许多装饰物,在结构上也有它们的功用,或是曾经有过功用的。诚实的来装饰一个结构部分,而不肯勉强地来掩蔽一个结构枢纽或关节,是中国建筑最长之处;在屋顶瓦饰上,这原则仍是适用的。脊瓦是两坡接缝处重要的保护者,值得相当的注重,所以有正脊垂脊等部之应用。又因其位置之重要,略异其大小,所以正脊比垂脊略大。正脊上的正吻和垂脊上的走兽等等,无疑的也曾是结构部分。我们虽然没有证据,但我们若假定正吻原是管着脊部木架及脊外瓦盖的一个总关键,也不算一种太离奇的幻想；虽然正吻形式的原始，据说是因为柏梁台灾后，方士说"南海有鱼虬，尾似鸱，激浪降雨"，所以做成鸱尾象，以厌火祥的。垂脊下半的走兽仙人，或是斜脊上钉头经过装饰以后的变形。每行瓦陇前头一块上面至今尚有盖钉头的钉帽，这钉头是防止瓦陇下溜的。垂脊上饰物本来必不如清式复杂，敦煌壁画里常见用两座"宝珠"，显然像木钉的上部略经雕饰的。垂兽在斜脊上段之末，正分划底下骨架里由戗与角梁的节段，使这个瓦脊上饰物，在结构方面又增一种意义，不纯出于偶然。

台基 台基在中国建筑里也是特别发达的一部，也有悠久的历史。《史记》里"尧之有天下也，堂高三尺"。汉有三阶之制，左墄右平；三阶就是基台，墄即台阶的踏道，平即御路。这台基部分如希腊建筑的台基一样，是建筑本身之一部，而不可脱离的。在普通建筑里，台基已是本身中之一部，而在宫殿庙宇中尤为重要。如北平故宫三殿，下有白石崇台三重，为三殿作基座，如汉之三阶。这正足以表示中国建筑历来在布局上也是费了精详的较量，用这舒展的基座，来托衬壮伟巍峨的宫殿。在这点上日本徒知摹仿中国建筑的上部，而不采用底下舒展的基座，致其建筑物常呈上重下轻之势。近时新建筑亦常有只注重摹仿旧式屋顶而摒弃底下基座的。所以那些多层的所谓仿宫殿式的崇楼华宇，许多是生硬地直出泥土，令人生不快之感。

关于台基的演变，我不在此赘述，只提出一个最值得注意之点来以供读《清式则例》时参考。台基有两种：一种平削方整的，另一种上下加枭混，清式称须弥座台基。这须弥座台基就是台基而加雕饰者，唐时已有，见于壁画，宋式更有见于实物的，且详载于《营造法式》中。但清式须弥座台基与唐宋的比较有个大不相同处：清式称"束腰"的部分，介于上下枭混之间，是一条细窄长道，在前时却是较大的主要部分——可以说是整个台基的主体。所以唐宋的须弥座基一望而知是一座台基上下加雕饰者，而清式的上下枭混与束腰竟是不分宾主，使台基失掉主体而纯像雕纹，在外表上大减其原来雄厚力量。在这一点上我们便可以看出清式在雕饰方面加增华丽，反倒失掉主干精神，实是个不可讳认的事实。

色彩 色彩在中国建筑上所占的位置，比在别式建筑中重要得多，所以也成为中国建筑主要特征之一。油漆涂在木料上本来为的是避免风日雨雪的侵蚀；因其色彩分配的得当，所以又兼收实用与美观上的长处，不能单以色彩作奇特繁杂之表现。中国建筑上色彩之分配，是非常慎重的。

檐下阴影掩映部分，主要色彩多为"冷色"，如青蓝碧绿，略加金点。柱及墙壁则以丹赤为其主色，与檐下幽阴里冷色的彩画正相反其格调。有时庙宇的柱廊竟以黑色为主，与阶陛的白色相映衬。这种色彩的操纵可谓轻重得当，极含蓄的能事。我们建筑既为用彩色的，设使这些色彩竟滥用于建筑之全部，使上下耀目辉煌，势必鄙俗妖冶，乃至野蛮，无所谓美丽和谐或庄严了。琉璃于汉代自罽宾传入中国；用于屋顶当始于北魏，明清两代，应用尤广，这个由外国传来的宝贵建筑材料，更使中国建筑放一异彩。本来轮廓已极优美的屋宇，再加以琉璃色彩的宏丽，那建筑的冠冕便几无瑕疵可指。但在瓦色的分配上也是因为操纵得宜；尊重纯色的庄严，避免杂色的猥琐，才能如此成功。琉璃瓦即偶有用多色的例，亦只限于庭园小建筑物上面，且用色并不过滥，所砌花样亦能单简不奢。既用色彩又能俭约，实是我们建筑术中值得自豪的一点。

平面　关于中国建筑最后还有个极重要的讨论：那就是它的平面布置问题。但这个问题广大复杂，不包括于本绪论范围之内，现在不能涉及。不过有一点是研究清式则例者不可不知的，当在此略一提到。凡单独一座建筑物的平面布置，依照清《工部工程做法》所规定，虽其种类似乎众多不等，但到底是归纳到极呆板，极简单的定例。所有均以四柱牵制成一间的原则为主体的，所以每座建筑物中柱的分布是极规则的。但就我们所知道宋代单座遗物的平面看来，其布置非常活动，比起清式的单座平面自由得多了。宋遗物中虽多是庙宇，但其殿里供佛设座的地方，两旁供立罗汉的地方，每处不同。在同一殿中，柱之大小有几种不同的，正间、梢间柱的数目地位亦均不同的（参看中国营造学社各期《汇刊》辽宋遗物报告）。

所以宋式不止上部结构如斗栱斜昂是有机的组织，即其平面亦为灵活有功用的布置。现代建筑在平面上需要极端的灵活变化，凡是试验采用中国旧式建筑改为现代用的建筑师们，更不能不稍稍知道清式以外的单座平面，以备参考。

工程　现在讲到中国旧的工程学，本是对于现代建筑师们无所补益的，并无研究的价值。只是其中有几种弱点，不妨举出供读者注意而已。

（一）清代匠人对于木料，尤其是梁，往往用得太费。这点上文已讨论过。他们显然不明了横梁载重的力量只与梁高成正比例，而与梁宽的关系较小。所以梁的宽度，由近代工程学的眼光看来，往往嫌其太过。同时匠师对于梁的尺寸，因没有计算木力的方法，不得不尽量放大，用极高的安全率，以避免危险。结果不但是木料之大靡费，而且因梁本身重量太重，以致影响及于下部的坚固。

（二）中国匠师素不用三角形。他们虽知道三角形是唯一不变动几何形，但对于这原则却极少应用。在清式构架中，上部既有过重的梁，又没有用三角形支撑的柱，所以清代的建筑，经过不甚长久的岁月，便有倾斜的危险。北平街上随处有这种已倾斜而用砖礅或木柱支撑的房子。

（三）地基太浅是中国建筑的一个大病。普通则例规定是台明高之一半，下面垫几步灰土。这种做法很不彻底，尤其是在北方，地基若不刨到冰线以下，建筑物的安全方面，一定要发生问题。

好在这几个缺点，在新建筑师手里，根本就不成问题。我们只怕不了解，了解之后，去避免或纠正它是很容易的。

上文已说到艺术有勃起、呆滞、衰落各种时期，就中国建筑讲，宋代已是规定则例的时期，留下《营造法式》一书；明代的《营造正式》虽未发见，清代的《工程做法则例》却极完整。所以就我们所确知的则例，已有将近千年的根基了。这九百多年之间，建筑的气魄和结构之直率，的确一代不如一代，但是我认为还在抄袭时期；原始精神尚大部保存，未能说是堕落。可巧在这时间，有新材料新方法在欧美产生，其基本原则适与中国几千年来的构架制同一学理。而现代工厂，学校，医院，及其他需要光线和空气的建筑，其墙壁门窗之配置，其铁筋混凝土及钢骨的构架，除去材料不同外，基本方法与中国固有的方法是相同的。这正是中国老建筑产生新生命的时期。在这时期，中国的新建筑师对于他祖先留下的一份产业实在应当有个充分的认识。因此思成将他所已知道的比较详尽的清式则例整理出来，以供建筑师们和建筑学生们的参考。他嘱我为作绪论，申述中国建筑之沿革，并略论其优劣，我对于中国建筑沿革所识几微，优劣的评论，更非所敢。姑草此数千言，拉杂成此一篇，只怕对《清式则例》读者无所裨益但乱听闻。不过我敢对读者提醒一声：规矩只是匠人的引导，创造的建筑师们和建筑学生们，虽须要明了过去的传统规矩，却不要盲从则例，束缚自己的创造力。我们要记着一句普通谚语："尽信书不如无书。"

二十三年一月

第四章

文人庭中閒好花更呈芸凡木爭春華
玉簪涼敷陽麗峽扑奏花梢搖動枝
乙酉春平日 林樾園題

模影零篇

一、钟绿

钟绿是我记忆中第一个美人,因为一个人一生见不到几个真正负得起"美人"这称呼的人物,所以我对于钟绿的记忆,珍惜得如同他人私藏一张名画轻易不拿出来给人看,我也就轻易地不和人家讲她。除非是一时什么高兴,使我大胆地,兴奋地,告诉一个朋友,我如何如何的曾经一次看到真正的美人。

很小的时候,我常听到一些红颜薄命的故事,老早就印下这种迷信,好像美人一生总是不幸的居多。尤其是,最初叫我知道世界上有所谓美人的,就是一个身世极凄凉的年轻女子。她是我家亲戚,家中传统地认为一个最美的人。虽然她已死了多少年,说起她来,大家总还带着那种感慨,也只有一个美人死后能使人起的那样感慨。说起她,大家总都有一些美感的回忆。我婶娘常记起的是祖母出殡那天,这人穿着白衫来送殡。因为她是个已出嫁过的女子——其实她那时已孀居一年多——照我们乡例,头上缠着白头帕。试想一个静好如花的脸；一个长长窈窕的身材；一身的缟素；借着人家伤痛的丧礼来哭她自己可怜的身世，怎不是一幅绝妙的图画！婶娘说起她时，却还不忘掉提到她的走路如何地有种特有丰神，哭时又如何地辛酸凄婉动人。我那时因为过小，记不起送殡那天看到这素服美人，事后为此不知惆怅了多少回。每当大家晚上闲坐谈到这个人儿时，总害了我竭尽想象力，冥想到了夜深。

也许就是因为关于她，我实在记得不太清楚，仅凭一家人时时的传说，所以这个亲戚美人之为美人，也从未曾在我心里疑问过。过了一些岁月，积渐地，我没有小时候那般理想，事事都有一把怀疑，沙似的挟在里面。我总爱说：绝代佳人，世界上不时总应该有一两个，但是我自己亲眼却没有看见过就是了。这句话直到我遇见了钟绿之后才算是取消了，换了一句：我觉得侥幸，一生中没有疑问地，真正地，见到一个美人。

我到美国××城进入××大学时，钟绿已是离开那学校的旧学生，不过在校里不到一个月的工夫，我就常听到"钟绿"这名字，老学生中间，每一提到校里旧事，总要联想到她。无疑的，她是他们中间最受崇拜的人物。

关于钟绿的体面和她的为人及家世也有不少的神话。

一个同学告诉我,钟绿家里本来如何的富有,又一个告诉我,她的父亲是个如何漂亮的军官,哪一年死去的,又一个告诉我,钟绿多么好看,脾气又如何和人家不同。因为着恋爱,又有人告诉我,她和母亲决绝了,自己独立出来艰苦的半工半读,多处流落,却总是那么傲慢、潇洒,穿着得那么漂亮动人。有人还说钟绿母亲是希腊人,是个音乐家,也长得非常好看,她常住在法国及意大利,所以钟绿能通好几国文字。常常地,更有人和我讲了为着恋爱钟绿,几乎到发狂的许多青年的故事。总而言之,关于钟绿的事我实在听得多了,不过当时我听着也只觉到平常,并不十分起劲。

故事中仅有两桩,我却记得非常清楚,深入印象,此后不自觉地便对于钟绿动了好奇心。

一桩是同系中最标致的女同学讲的。她说那一年学校开个盛大艺术的古装表演,中间要用八个女子穿中世纪的尼姑服装。她是监制部的总管,每件衣裳由图案部发出,全由她找人比着裁剪,做好后再找人试服。有一晚,她出去晚饭回来稍迟,到了制衣室门口遇见一个制衣部里人告诉她说,许多衣裳做好正找人试着时,可巧电灯坏了,大家正在到处找来洋蜡点上。

"你猜,"她接着说:"我推开门时看到了什么?……"

她喘口气望着大家笑(听故事的人那时已不止我一个),"你想,你想一间屋子里,高高低低地点了好几根蜡烛;各处射着影子;当中一张桌子上面,默默地,立着那么一个钟绿——美到令人不敢相信的中世纪小尼姑,眼微微地垂下,手中高高擎起一枝点亮的长烛。简单静穆,直像一张宗教画!拉着门环,我半天肃然,说不出一句话来!……等到人家笑声震醒我时,我已经记下这个一辈子忘不了的印象。"

自从听了这桩故事之后,钟绿在我心里便也开始有了根据,每次再听到钟绿的名字时,我脑子里便浮起一张图画。隐隐约约地,看到那个古代年轻的尼姑,微微地垂下眼,擎着一枝蜡走过。

第二次,我又得到一个对钟绿依稀想象的背影,是由于一个男同学讲的故事里来的。这个脸色清癯的同学平常不爱说话,是个忧郁深思的少年——听说那个为着恋爱钟绿,到南非洲去旅行不再回来的同学,就是他的同房好朋友。有一天雨下得很大,我与他同在画室里工作,天已经积渐地黑下来,虽然还不到点灯的时候,我收拾好东西坐在窗下看雨,忽然听他说:

"真奇怪，一到下大雨，我总想起钟绿！"

"为什么呢？"我倒有点好奇了。

"因为前年有一次大雨，"他也走到窗边，坐下来望着窗外，"比今天这雨大多了，"他自言自语地眯上眼睛。"天黑得可怕，许多人全在楼上画图，只有我和勃森站在楼下前门口檐底下抽烟。街上一个人没有，树让雨打得像囚犯一样，低头摇曳。一种说不出来的黯淡和寂寞笼罩着整条没生意的街道，和街道旁边不作声的一切。忽然间，我听到背后门环响，门开了，一个人由我身边溜过，一直下了台阶冲入大雨中走去！……那是钟绿……

"我认得是钟绿的背影，那样修长灵活，虽然她用了一块折成三角形的绸巾蒙在她头上，一只手在项下抓紧了那绸巾的前面两角，像个俄国村姑的打扮。勃森说钟绿疯了，我也忍不住要喊她回来。'钟绿你回来听我说！'我好像求她那样恳切，听到声，她居然在雨里回过头来望一望，看见是我，她仰着脸微微一笑，露出一排贝壳似的牙齿。"朋友说时回过头对我笑了一笑，"你真想不到世上真有她那样美的人！不管谁说什么，我总忘不了在那狂风暴雨中，她那样扭头一笑，村姑似的包着三角的头巾。"

这张图画有力地穿过我的意识，我望望雨又望望黑影

笼罩的画室。朋友叉着手,正经地又说:

"我就喜欢钟绿的一种纯朴,城市中的味道在她身上总那样的不沾着她本身的天真!那一天,我那个热情的同房朋友在楼窗上也发现了钟绿在雨里,像顽皮的村姑,没有笼头的野马,便用劲地喊。钟绿听到,俯下身子一闪,立刻就跑了。上边劈空的雷电,四围纷披的狂雨,一会儿工夫她就消失在那水雾迷漫之中了……"

"奇怪,"他叹口气,"我总老记着这桩事,钟绿在大风雨里似乎是个很自然的回忆。"

听完这段插话之后,我的想象中就又加了另一个隐约的钟绿。

半年过去了,这半年中这个清癯的朋友和我比较的熟起,时常轻声地来告诉我关于钟绿的消息。她是辗转地由一个城到另一个城,经验不断地跟在她脚边,命运好似总不和她合作,许多事情都不畅意。

秋天的时候,有一天我这朋友拿来两封钟绿的来信给我看,笔迹秀劲流丽如见其人,我留下信细读觉到它很有意思。那时我正初次在夏假中觅工,几次在市城熙熙攘攘中长了见识,更是非常地同情于这流浪的钟绿。

"所谓工业艺术你可曾领教过?"她信里发出嘲笑,"你从前常常苦心教我调颜色,一根一根地描出理想的线条,做什么,你知道么?……我想你决不能猜到,两三星期以来,我和十几个本来都很活泼的女孩子,低下头都画一些什么,……你闭上眼睛,喘口气,让我告诉你!墙上的花纸,好朋友!你能相信么?一束一束的粉红玫瑰花由我们手中散下来,整朵的,半朵的——因为有人开了工厂专为制造这种的美丽!……"

"不,不,为什么我要脸红?现在我们都是工业战争的斗士——(多美丽的战争!)——并且你知道,各人有各人不同的报酬;花纸厂的主人今年新买了两个别墅,我们前夜把晚饭减掉一点居然去听音乐了,多谢那一束一束的玫瑰花!……"

幽默地,幽默地她写下去那样顽皮的牢骚。又一封:

"……好了,这已经是秋天,谢谢上帝,人工的玫瑰也会凋零的。这回任何一束什么花,我也决意不再制造了,那种逼迫人家眼睛堕落的差事,需要我所没有的勇敢,我失败了,不知道在心里哪一部分也受点伤。……

"我到乡村里来了,这回是散布知识给村里朴实的人!××书局派我来揽买卖,儿童的书,常识大全,我简直带着'知识'的样本到处走。那可爱的老太太却问我要最新烹调的书，工作到很瘦的妇人要城市生活的小说看——你知道那种穿着晚服去恋爱的城市浪漫！

"我夜里总找回一些矛盾的微笑回到屋里。乡间的老太太都是理想的母亲，我生平没有吃过更多的牛奶，睡过更软的鸭绒被，原来手里提着锄头的农人，都是这样母亲的温柔给培养出来的力量。我爱他们那简单的情绪和生活，好像日和夜，太阳和影子，农作和食睡，夫和妇，儿子和母亲，幸福和辛苦都那样均匀地放在天秤的两头。……

"这农村的妩媚，溪流树荫全合了我的意，你更想不到我屋后有个什么宝贝？一口井，老老实实旧式的一口井，早晚我都出去替老太太打水。真的，这样才是日子，虽然山边没有橄榄树，晚上也缺个织布的机杼，不然什么都回到我理想的已往里去。……

"到井边去汲水，你懂得那滋味么？天呀，我的衣裙让风吹得松散，红叶在我头上飞旋，这是秋天，不瞎说，我到井边去汲水去。回来时你看着我把水罐子扛在肩上回来！"

看完信，我心里又来了一个古典的钟绿。

约略是三月的时候，我的朋友手里拿本书，到我桌边来，问我看过没有这本新出版的书，我由抽屉中也扯出一本叫他看。他笑了，说，你知道这个作者就是钟绿的情人。

我高兴地谢了他，我说，"现在我可明白了。"我又翻出书中几行给他看，他看了一遍，放下书默诵了一回，说：

"他是对的，他是对的，这个人实在很可爱，他们完全是了解的。"

此后又过了半个月光景。天气渐渐地暖起来，我晚上在屋子里读书老是开着窗子，窗前一片草地隔着对面远处城市的灯光车马。有个晚上，很夜深了，我觉到冷，刚刚把窗子关上，却听到窗外有人叫我，接着有人拿沙子抛到玻璃上，我赶忙起来一看，原来草地上立着那个清癯的朋友，旁边有个女人立在我的门前。朋友说："你能不能下来，我们有桩事托你。"

我蹑着脚下楼，开了门，在黑影模糊中听我朋友说："钟绿，钟绿她来到这里，太晚没有地方住，我想，或许你可以设法，明天一早她就要走的。"他又低声向我说："我知道你一定愿意认识她。"

这事真是来得非常突兀，听到了那么熟识，却又是那么神话的钟绿，竟然意外地立在我的前边，长长的身影穿着外衣，低低的半顶帽遮着半个脸，我什么也看不清楚。我伸手和她握手，告诉她在校里常听到她。她笑声地答应我说，希望她能使我失望，远不如朋友所讲的她那么坏！

在黑夜里，她的声音像银铃样，轻轻地摇着，末后宽柔温好，带点回响。她又转身谢谢那个朋友，率真地揽住他的肩膀说："百罗，你永远是那么可爱的一个人。"

她随了我上楼梯，我只觉到奇怪，钟绿在我心里始终成个古典人物，她的实际的存在，在此时反觉得荒诞不可信。

我那时是个穷学生，和一个同学住一间不甚大的屋子，恰巧同房的那几天回家去了。我还记得那晚上我在她的书桌上，开了她那盏非常得意的浅黄色灯，还用了我们两人共用的大红浴衣铺在旁边大椅上，预备看书时盖在腿上当毯子享用。屋子的布置本来极简单，我们曾用尽苦心把它收拾得还有几分趣味，衣橱的前面我们用一大幅黑色带金线的旧锦挂上，上面悬着一副我朋友自己刻的金色美人面具，旁边靠墙放两架睡榻，罩着深黄的床幔和一些靠垫，两榻中间隔着一个薄纱的东方式屏风。窗前一边一张书桌，各人有个书架，几件心爱的小古董。

整个房子的神气还很舒适，颜色也带点古黯神秘。钟绿进房来，我就请她坐在我们唯一的大椅上，她把帽子外衣脱下，顺手把大红浴衣披在身上说："你真能让我独占这房里唯一的宝座么？"不知为什么，听到这话，我怔了一下，望着灯下披着红衣的她。看她里面本来穿的是一件古铜色衣裳，腰里一根很宽的铜质软带，一边臂上似乎套着两三副细窄的铜镯子，在那红色浴衣掩映之中，黑色古锦之前，我只觉到她由脸至踵有种神韵，一种名贵的气息和光彩，超出寻常所谓美貌或是漂亮。她的脸稍带椭圆，眉目清扬，有点儿南欧曼达娜的味道；眼睛深棕色，虽然甚大，却微微有点羞涩。她的头、脸、耳、鼻、口唇、前颈和两只手，则都像雕刻过的型体！每一面和她一面交接得那样清晰，又那样柔和，让光和影在上面活动着。

我的小铜壶里本来烧着茶，我便倒出一杯递给她。这回她却怔了说："真想不到这个时候有人给我茶喝，我这回真的走到中国了。"我笑了说："百罗告诉我你喜欢到井里汲水，好，我就喜欢泡茶。各人有她传统的嗜好，不容易改掉。"就在那时候，她的两唇微微地一抿，像朵花，由含苞到开放，毫无痕迹地轻轻地张开，露出那一排贝壳般的牙齿，我默默地在心里说，我这一生总可以说真正的见过一个称得起美人的人物了。

"你知道，"我说，"学校里谁都喜欢说起你，你在我心里简直是个神话人物，不，简直是古典人物；今天你的来，到现在我还信不过这事的实在性!"

她说:"一生里事大半都好像做梦。这两年来我漂泊惯了,今天和明天的事多半是不相连续的多;本来现实本身就是一串不一定能连续而连续起来的荒诞。什么事我现在都能相信得过,尤其是此刻,夜这么晚,我把一个从来未曾遇见过的人的清静打断了,坐在她屋里,喝她几千里以外寄来的茶!"

那天晚上,她在我屋子里不止喝了我的茶,并且在我的书架上搬弄了我的书,我的许多相片,问了我一大堆话,告诉我她有个朋友喜欢中国的诗——我知道那就是那青年作家,她的情人,可是我没有问她。她就在我屋子中间小小灯光下愉悦地活动着,一会儿立在洛阳造像的墨拓前默了一会,停一刻又走过,用手指柔和地,顺着那金色面具的轮廓上抹下来,她搬弄我桌上的唐陶俑和图章。又问我壁上铜剑的铭文。纯净的型和线似乎都在引逗起她的兴趣。

一会儿她倦了,无意中伸个懒腰,慢慢地将身上束的腰带解下,自然地,活泼地,一件一件将自己的衣服脱下,裸露出她雕刻般惊人的美丽。我看着她耐性地,细致地,解除臂上的铜镯,又用刷子刷她细柔的头发,来回地走到浴室里洗面又走出来。她的美当然不用讲,我惊讶的是她所有举动,全个体态,都是那样的有个性,奏着韵律。我心里想,自然舞蹈班中几个美体的同学,和我们人体画班中最得意的两个模特,明蒂和苏茜,她们的美实不过是些浅显的柔和及妍丽而已,同钟绿真无法比较得来。我忍不住兴趣地直爽地笑对钟绿说:

"钟绿你长得实在太美了,你自己知道么?"

她忽然转过来看了我一眼,好脾气地笑起来,坐到我床上。

"你知道你是个很古怪的小孩子么?"她伸手抚着我的头后(那时我的头是低着的,似乎倒有点难为情起来),"老实告诉你,当百罗告诉我,要我住在一个中国姑娘的房里时,我倒有些害怕,我想着不知道我们要谈多少孔夫子的道德,东方的政治;我怕我的行为或许会触犯你们谨严的佛教!"

这次她说完,却是我打个哈欠,倒在床上好笑。

她说:"你在这里原来住得还真自由。"

我问她是否指此刻我们不拘束的行动讲。我说那是因为时候到底是半夜了,房东太太在梦里也无从干涉,其实她才是个极宗教的信徒,我平日极平常的画稿,拿回家来还曾经惊着她的腼腆。男朋友从来只到过我楼梯底下的,就是在楼梯边上坐着,到了十点半,她也一定咳嗽的。

钟绿笑了说:"你的意思是从孔子庙到自由神中间并无多大距离!"那时我睡在床上和她谈天,屋子里仅点一盏小灯。她披上睡衣,替我开了窗,才回到床上抱着膝盖抽烟,在一小闪光底下,她努着嘴喷出一个一个的烟圈,我又疑心我在做梦。

"我顶希望有一天到中国来,"她说,手里搬弄床前我的夹旗袍,"我还没有看见东方的莲花是什么样子。我顶爱坐帆船了。"

我说,"我和你约好了,过几年你来,挑个山茶花开遍的时节,我给你披上一件长袍,我一定请你坐我家乡里最浪漫的帆船。"

"如果是个月夜,我还可以替你弹一曲希腊的弦琴。"

"也许那时候你更愿意死在你的爱人怀里!如果你的他也来。"我逗着她。

她忽然很正经地却用最柔和的声音说:"我希望有这福气。"

就这样说笑着,我朦胧地睡去。

到天亮时,我觉得有人推我,睁开了眼,看她已经穿好了衣裳,收拾好皮包,俯身下来和我作别。

"再见了，好朋友，"她又淘气地抚着我的头，"就算你做个梦吧。现在你信不信昨夜答应过人，要请她坐帆船？"

可不就像一个梦，我眯着两只眼，问她为何起得这样早。她告诉我要赶六点十分的车到乡下去，约略一个月后，或许回来，那时一定再来看我。她不让我起来送她，无论如何要我答应她，等她一走就闭上眼睛再睡。

于是在天色微明中，我只再看到她歪着一顶帽子，倚在屏风旁边妩媚地一笑，便转身走出去了。一个月以后，她没有回来，其实等到一年半后，我离开××时，她也没有再来过这城的。我同她的友谊就仅仅限于那么一个短短的半夜，所以那天晚上是我第一次，也就是最末次，会见了钟绿。但是即使以后我没有再得到关于她的种种悲惨的消息，我也知道我是永远不能忘记她的。

那个晚上以后，我又得到她的消息时，约在半年以后，百罗告诉我说：

"钟绿快要出嫁了。她这种的恋爱真能使人相信人生还有点意义，世界上还有一点美存在。这一对情人上礼拜堂去，的确要算上帝的荣耀。"

我好笑忧郁的百罗说这种话，却是私下里也的确相信钟绿披上长纱会是一个奇美的新娘。那时候我也很知道一点新郎的样子和脾气，并且由作品里我更知道他留给钟绿的情绪，私下里很觉到钟绿幸福。至于他们的结婚，我倒觉得很平凡；我不时叹息，想象到钟绿无条件地跟着自然规律走，慢慢地变成一个妻子，一个母亲，渐渐离开她现在的样子，变老，变丑，到了我们从她脸上身上再也看不出她现在的雕刻般的奇迹来。

谁知道事情偏不这样的经过，钟绿的爱人竟在结婚的前一星期骤然死去，听说钟绿那时正在试着嫁衣，得着电话没有把衣服换下，便到医院里晕死过去在她未婚新郎的胸口上。当我得到这个消息时，钟绿已经到法国去了两个月，她的情人也已葬在他们本来要结婚的礼拜堂后面。因为这消息，我却时常想起钟绿试装中世纪尼姑的故事，有点儿迷信预兆。美人自古薄命的话，更好像有了凭据。但是最使我悲恸的消息，还在此后两年多。

当我回国以后，正在家乡游历的时候，我接到百罗一封长信，我真是没有想到钟绿竟死在一条帆船上。关于这一点，我始终疑心这个场面，多少有点钟绿自己的安排，并不见得完全出自偶然。那天晚上对着一江清流，茫茫暮霭，我独立在岸边山坡上，看无数小帆船顺风飘过，忍不住泪下如雨，坐下哭了。

我耳朵里似乎还听见钟绿银铃似的温柔的声音说:"就算你做个梦,现在你信不信昨夜答应过请人坐帆船?"

原载1935年6月16日《大公报·文艺副刊》第156期

二、吉公

二三十年前,每一个老派头旧家族的宅第里面,竟可以是一个缩小的社会;内中居住着种种色色的人物,他们错综的性格,兴趣,和琐碎的活动,或属于固定的,或属于偶然的,常可以在同一个时间里,展演如一部戏剧。

我的老家,如同当时其他许多家庭一样,在现在看来,尽可以称它作一个旧家族。那个并不甚大的宅子里面,也自成一种社会缩影。我同许多小孩子既在那中间长大,也就习惯于里面各种错综的安排和纠纷;像一条小鱼在海滩边生长,习惯于种种螺壳,蛤蜊,大鱼,小鱼,司空见惯,毫不以那种戏剧性的集聚为稀奇。但是事隔多年,有时反复回味起来,当时的情景反倒十分迫近。眼里颜色浓淡鲜晦,不但记忆浮沉驰骋,情感竟亦在不知不觉中重新伸缩,仿佛有所活动。

不过那大部的戏剧此刻却并不在我念中,此刻吸引我回想的仅是那大部中一小部,那错综的人物中一个人物。

他是我们的舅公,这事实是经"大人们"指点给我们一群小孩子知道的。于是我们都叫他做"吉公",并不疑问到这事实的确实性。但是大人们却又在其他的时候里,间接地或直接地,告诉我们,他并不是我们的舅公的许多话!凡属于故事的话,当然都更能深入孩子的记忆里,这舅公的来历,就永远地在我们心里留下痕迹。

"吉公"是外曾祖母抱来的孩子;这故事一来就有些曲折,给孩子们许多想象的机会。外曾祖母本来自己是有个孩子的,据大人们所讲,他是如何的聪明,如何的长得俊!可惜在他九岁的那年一个很热的夏天里,竟然"出了事"。故事是如此的:他和一个小朋友,玩着抬起一个旧式的大茶壶桶,嘴里唱着土白的山歌,由供着神位的后厅抬到前面正厅里去……(我们心里在这里立刻浮出一张鲜明的图画:两个小孩子,赤着膊;穿着挑花大红肚兜,抬着一个朱漆木桶;里面装着一个白锡镶铜的大茶壶;多少两的粗茶叶,泡得滚热的;——)但是悲剧也就发生在这幅图画后面,外曾祖父手里拿着一根旱烟管,由门后出来,无意中碰倒了一个孩子,事儿就坏了!那无可偿补的悲剧,就此永远嵌进那温文儒雅读书人的生命里去。

这个吉公用不着说是抱来替代那惨死去的聪明孩子的。但这是又过了十年，外曾祖母已经老了，祖母已将出阁时候的事。讲故事的谁也没有提到吉公小时是如何长得聪明美丽的话。如果讲到吉公小时的情形，且必用一点叹息的口气说起这吉公如何的顽皮，如何的不爱念书，尤其是关于学问是如何的没有兴趣，长大起来，他也始终不能去参加他们认为光荣的考试。

就一种理论讲，我们自己既在那里读书学做对子，听到吉公不会这门事，在心理上对吉公发生了一点点轻视并不怎样不合理。但是事实上我们不止对他的感情总是那么柔和，时常且对他发生不少的惊讶和钦佩。

吉公住在一个跨院的旧楼上边。不止在现时回想起来，那地方是个浪漫的去处，就是在当时，我们也未尝不觉到那一曲小小的旧廊，上边斜着吱吱哑哑的那么一道危梯，是非常有趣味的。

我们的境界既被限制在一所四面有围墙的宅子里，那活泼的孩子心有时总不肯在单调的生活中磋磨过去，故必定竭力的，在那限制的范围以内寻觅新鲜。在一片小小的地面上，我们认为最多变化，最有意思的，到底是人：凡是有人住的，无论哪一个小角落里，似乎都藏着无数的奇异,我们对它便都感着极大兴味。所以挑水老李住的两间平房,远在茶园子的后门边,和退休的老陈妈所看守的厨房以外一排空房,在我们寻觅新鲜的活动中,或可以说长成的过程中,都是绝对必需的。吉公住的那小跨院的旧楼,则更不必说了。

在那楼上,我们所受的教育,所吸取的知识,许多确非负责我们教育的大人们所能想象得到的。随便说吧,最主要的就有自鸣钟的机轮的动作,世界地图,油画的外国军队军舰,和照相技术的种种,但是最要紧的还是吉公这个人,他的生平,他的样子,脾气,他自己对于这些新知识的兴趣。

吉公已是中年人了,但是对于种种新鲜事情的好奇,却还活像个孩子。在许多人跟前,他被认为是个不读书不上进的落魄者,所以在举动上,在人前时,他便习惯于惭愧,谦卑,退让,拘束的神情,惟独回到他自己的旧楼上,他才恢复过来他种种生成的性格,与孩子们和蔼天真地接触。

在楼上他常快乐地发笑;有时为着玩弄小机器一类的东西,他还会带着嘲笑似的,骂我们迟笨——在人前,这些便是绝不可能的事。用句现在极普通的语言讲,吉公是个有"科学的兴趣"的人,那个小小楼屋,便是他私人的实验室。但在当时,吉公只是一个不喜欢做对子读经书的落魄者,那小小角隅实是祖母用着布施式的仁慈和友爱的含忍,让出来给他消磨无用的日月的。

夏天里,约略在下午两点的时候。那大小几十口复杂的家庭里,各人都能将他一份事情打发开来,腾出一点时光睡午觉。小孩们有的也被他们母亲或看妈抓去横睡在又热又闷气的床头一角里去。在这个时候,火似的太阳总显得十分寂寞,无意义地罩着一个两个空院;一处两处洗晒的衣裳;刚开过饭的厨房;或无人用的水缸。在清静中,喜鹊大胆地飞到地面上,像人似的来回走路,寻觅零食,花猫黄狗全都蜷成一团,在门槛旁把头睡扁了似的不管事。

我喜欢这个时候,这种寂寞对于我有说不出的滋味。饭吃过,随便在哪个荫凉处待着,用不着同伴,我就可以寻出许多消遣来。起初我常常一人走进吉公的小跨院里去,并不为找吉公,只站在门洞里吹穿堂风,或看那棵大柚子树的树荫罩在我前面来回地摇晃。有一次我满以为周围只剩我一人的,忽然我发现廊下有个长长的人影,不觉一惊。顺着人影偷着看去,我才知道是吉公一个人在那里忙着一件东西。他看我走来便向我招手。

原来这时间也是吉公最宝贵的时候,不轻易拿来糟蹋在午睡上面。我同他的特殊的友谊便也建筑在这点点同情上。他告我他私自学会了照相,家里新买到一架照相机已交给他尝试。夜里,我是看见过的,他点盏红灯,冲洗那种旧式玻璃底片,白日里他一张一张耐性地晒片子,这还是第一次让我遇到!那时他好脾气地指点给我一个人看,且请我帮忙,两次带我上楼取东西。平常孩子们太多他没有工夫讲解的道理,此刻慢吞吞地也都和我讲了一些。

吉公楼上的屋子是我们从来看不厌的,里面东西实在是不少,老式钟表就有好几个,都是亲戚们托他修理的,有的是解散开来卧在一个盘子里,等他一件一件再细心地凑在一起。桌上竟还放着一副千里镜,墙上满挂着许多很古怪翻印的油画,有的是些外国皇族,最多还是有枪炮的普法战争的图画,和一些火车轮船的影片以及大小地图。

"吉公,谁教你怎么修理钟的?"

吉公笑了笑,一点不骄傲,却显得更谦虚的样子,努一下嘴,叹口气说:"谁也没有教过吉公什么!"

"这些机器也都是人造出来的,你知道!"他指着自鸣钟,"谁要喜欢这些东西尽可拆开来看看,把它弄明白了。"

"要是拆开了还不大明白呢?"我问他。

他更沉思地叹息了。

"你知道，吉公想大概外国有很多工厂教习所，教人做这种灵巧的机器，凭一个人的聪明一定不会做得这样好。"说话时吉公带着无限的怅惘。我却没有听懂什么工厂什么教习所的话。

吉公又说："我那天到城里去看一个洋货铺，里面有个修理钟表的柜台，你说也真奇怪，那个人在那里弄个钟，许多地方还没吉公明白呢！"

在这个时候，我以为吉公尽可以骄傲了，但是吉公的脸上此刻看去却更惨淡，眼睛正望着壁上火轮船的油画看。

"这些钟表实在还不算有意思。"他说，"吉公想到上海去看一次火轮船，那种大机器转动起来够多有趣？"

"伟叔不是坐着那么一个上东洋去了么？"我说，"你等他回来问问他。"

吉公苦笑了。"傻孩子，伟叔是读书人，他是出洋留学的，坐到一个火轮船上，也不到机器房里去的，那里都是粗的工人火伕等管着。"

"那你呢？难道你就能跑到粗人火伕的机器房里去？"孩子们受了大人影响，怀疑到吉公的自尊心。

"吉公喜欢去学习，吉公不在乎那些个，"他笑了，看看我为他十分着急的样子，忙把话转变一点安慰我说："在外国，能干的人也有专管机器的，好比船上的船长吧，他就也得懂机器还懂地理。军官吧，他就懂炮车里机器，尽念古书不相干的，洋人比我们能干，就为他们的机器……"

这次吉公讲的话很多，我都听不懂，但是我怕他发现我太小不明白他的话，以后不再要我帮忙，故此一直勉强听下去，直到吉公记起廊下的相片，跳起来拉了我下楼。

又过了一些日子，吉公的照相颇博得一家人的称赞，尤其是女人们喜欢得了不得。天好的时候，六婶娘找了几位妯娌，请祖母和姑妈们去她院里照相。六婶娘梳着油光的头，眉目细细地淡淡地画在她的白皙脸上，就同她自己画的兰花一样有几分勉强。她的院里有几棵梅花，几竿竹，一个月门，还有一堆假山，大家都认为可以入画的景致。但照相前，各人对于陈设的准备，也和吉公对于照相机底片等等的部署一般繁重。婶娘指挥丫头玉珍，花匠老王，忙着摆茶几，安放细致的水烟袋及茶杯。前面还要排着讲究的盆花，然后两旁列着几张直背椅，各人按着辈分、岁数各各坐成一个姿势，有时还拉着一两个孩子做衬托。

在这种时候，吉公的头与手在他黑布与机器之间耐烦地周旋着。周旋到相当时间，他认为已经到达较完满的程度,才把头伸出观望那被摄影的人众。每次他有个新颖的提议,照相的人们也就有说有笑的起劲。这样祖母便很骄傲起来,这是连孩子们都觉察得出的,虽然我们当时并未了解她的许多伤心。吉公呢,他的全副精神却在那照相技术上边,周围的空气人情并不在他注意中。等到照相完了,他才微微地感到一种完成的畅适,兴头地掮着照相机,带着一群孩子回去。

还有比这个严重的时候,如同年节或是老人们的生日,或宴客,吉公的照相职务便更为重要了。早上你到吉公屋里去,便看得到厚厚的红布黑布挂在窗上,里面点着小红灯,吉公驼着背在黑暗中来往的工作。他那种兴趣、勤劳和认真,现在回想起来,我相信如果他晚生了三十年,这个社会里必定会有他一个结实的地位的。照相不过是他当时一个不得已的科学上活动,他对于其他机器的爱好,却并不在照相以下。不过在实际上照相既有所贡献于接济他生活的人,他也只好安于这份工作了。

另一次我记得特别清楚,我那喜欢兵器、武艺的祖父,拿了许多所谓"洋枪"到吉公那里,请他给揩擦上油。两人坐在廊下谈天,小孩子们也围上去。吉公开一瓶橄榄油,扯点破布,来回地把玩那些我们认为颇神秘的洋枪,一边议论着洋船,洋炮,及其他洋人做的事。

吉公所懂得的均是具体知识,他把枪支在手里,开开这里,动动那里,演讲一般指手画脚讲到机器的巧妙,由枪到炮,由炮到船,由船到火车,一件一件。祖父感到惊讶了,这已经相信维新的老人听到吉公这许多话,相当地敬服起来,微笑凝神地在那里点头领教。大点的孩子也都闻所未闻地睁大了眼睛;我最深的印象便是那次是祖父对吉公非常愉悦的脸色。

祖父谈到航海,说起他年轻的时候,极想到外国去,听到某处招生学洋文,保送到外洋去,便设法想去投考。但是那时他已聘了祖母,丈人方面得到消息大大地不高兴,竟以要求退婚要挟他把那不高尚的志趣打消。吉公听了,黯淡地一笑,或者是想到了他自己年少时多少的梦,也曾被这同一个读书人给毁掉了。

他们讲到苏彝士运河,吉公便高兴地,同情地,把楼上地图拿下来,由地理讲到历史,甲午呀,庚子呀,我都是在那时第一次听到。我更记得平常不讲话的吉公当日愤慨的议论,我为他不止一点的骄傲,虽然我不明白为什么他的结论总回到机器上。

但是一年后吉公离开我们家,却并不为着机器,而是出我们意料外地为着一个女人。

也许是因为吉公的照相相当得出了名,并且时常地出去照附近名胜风景,让一些人知道了,就常有人来请他去照相。为着对于技术的兴趣,他亦必定到人家去尽义务的为人照全家乐,或带着朝珠补褂的单人留影。酬报则时常是些食品、果子。

有一次有人请他去,照相的却是一位未曾出阁的姑娘,这位姑娘因在择婿上稍稍经过点周折,故此她家里对于她的亲事常怀着悲观。与吉公认识的是她堂房哥哥,照相的事是否这位哥哥故意地设施,家里人后来议论得非常热烈,我们也始终不得明了。要紧的是,事实上吉公对于这姑娘一家甚有好感,为着这姑娘的相片也颇尽了些职务;我不记得他是否在相片上设色,至少那姑娘的口唇上是抹了一小点胭脂的。

这事传到祖母耳里,这位相信家教谨严的女人便不大乐意。起前,她觉得一个未出阁的女子,相片交给一个没有家室的男子手里印洗,是不名誉不正当的。并且这女子既不是和我们同一省份,便是属于"外江"人家的,事情尤其要谨慎。在这纠纷中,我才又得听到关于吉公的一段人生悲剧。多少年前他是曾经娶过妻室的,一位年轻美貌的妻子，并且也生过一个孩子，却在极短的时间内，母子两人全都死去。这事除却在吉公一人的心里，这两人的存在几乎不在任何地方留下一点凭据。

现在这照相的姑娘是吉公生命里的一个新转变，在他单调的日月里开出一条路来。不止在人情上吉公也和他人一样需要异性的关心和安慰，就是在事业的野心上，这姑娘的家人也给吉公以不少的鼓励，至少到上海去看火轮船的梦是有了相当的担保，本来悠长没有着落的日子，现在是骤然地点上希望。虽然在人前吉公仍是沉默，到了小院里他却开始愉快地散步；注意到柚子树又开了花；晚上有没有月亮；还买了几条金鱼养到缸里。在楼上他也哼哼一点调子，把风景照片镶成好看的框子，零整地拿出去托人代售。有时他还整理旧箱子；多少年他没有心绪翻检的破旧东西，现在有时也拿出来放在床上、椅背上，尽小孩子们好奇地问长问短，他也满不在乎了。

忽然突兀地他把婚事决定了，也不得我祖母的同意，便把吉期选好，预备去入赘。祖母生气到默不作声，只退到女人家的眼泪里去，呜咽她对于这弟弟的一切失望。家里人看到舅爷很不体面地，到外省人家去入赘，带着一点箱笼什物，自然也有许多与祖母表同情的。但吉公则终于离开那所浪漫的楼屋,去另找他的生活了。

那布着柚子树荫的小跨院渐渐成为一个更寂寞的角隅,那道吱吱哑哑的木梯从此便没有人上下,除却小孩子们有时淘气,上到一半又赶忙下来。现在想来,我不能不称赞吉公当时那一点挣扎的活力,能不甘于一种平淡的现状。那小楼只能尘封吉公过去不幸的影子,却不能把他给活埋在里边。

吉公的行为既是叛离亲族,在旧家庭里许多人就不能容忍这种的不自尊。他婚后的行动,除了带着新娘来拜过祖母外,其他事情便不听到有人提起!似乎过了不久的时候,他也就到上海去,多少且与火轮船有关系。有一次我曾大胆地问过祖父,他似乎对于吉公是否在火轮船做事没有多大兴趣,完全忘掉他们一次很融洽的谈话。在祖母生前,吉公也还有来信,但到她死后,就完全地渺然消失,不通音问了。

两年前我南下,回到幼年居住的城里去,无意中遇到一位远亲,他告诉我吉公住在城中,境况非常富裕;子女四人,在各个学校里读书,对于科学都非常嗜好,尤其是内中一个,特别聪明,屡得学校奖金等等。于是我也老声老气地发出人事的感慨。如吉公自己生早了三四十年,我说，我希望他这个儿子所生的时代与环境合适于他的聪明，能给他以发展的机会不再复演他老子的悲剧。并且在生命的道上，我祝他早遇到同情的鼓励，敏捷地达到他可能的成功。这得失且并不仅是吉公个人的，而可以计算做我们这老朽的国家的。

至于我会见到那六十岁的吉公，听到他离开我们家以后一段奋斗的历史，这里实没有细讲的必要，因为那中年以后不经过训练，自己琢磨出来的机器师，他的成就必定是有限的。纵使他有相当天赋的聪明，他亦不能与太不适当的环境搏斗。由于爱好机器，他到轮船上做事，到码头公司里任职，更进而独立地创办他的小规模丝织厂，这些全同他的照相一样，仅成个实际上能博取物质胜利的小事业，对于他精神上超物质的兴趣，已不能有所补助，有所启发。年老了，当时的聪明一天天消失，所余仅是一片和蔼的平庸和空虚。认真地说，他仍是个失败者。如果迷信点的话，相信上天或许要偿补给吉公他一生的委屈，这下文的故事，就该应在他那个聪明孩子和我们这个时代上。但是我则仍然十分怀疑。

原载1935年8月11日《大公报·文艺副刊》第164期

三、文珍

  家里在复杂情形下搬到另一个城市去，自己是多出来的一件行李。大约七岁，似乎已长大了，篁姊同家里商量接我到她处住半年，我便被送过去了。

  起初一切都是那么模糊，重叠的一堆新印象乱在一处；老大的旧房子，不知有多少老老少少的人，楼，楼上憧憧的人影，嘈杂陌生的声音，假山，绕着假山的水池，很讲究的大盆子花，菜圃，大石井，红红绿绿小孩子，穿着很好看或粗糙的许多妇人围着四方桌打牌的，在空屋里养蚕的，晒干菜的，生活全是那么混乱繁复和新奇。自己却总是孤单，怯生，寂寞。积渐地在纷乱的周遭中，居然挣扎出一点头绪，认到一个凝固的中心，在寂寞焦心或怯生时便设法寻求这中心，抓紧它，旋绕着它，要求一个孩子所迫切需要的保护，温暖，和慰安。

  这凝固的中心便是一个约莫十七岁年龄的女孩子。她有个苗条身材，一根很黑的发辫，扎着大红绒绳。两只灵活真叫人喜欢黑晶似的眼珠；和一双白皙轻柔无所不会的手。她叫作文珍。人人都喊她文珍，不管是梳着油光头的妇女，扶着拐杖的老太太，刚会走路的"孙少"，老妈子或门房里人！

文珍随着喊她的声音转，一会儿在楼上牌桌前张罗，一会儿下楼穿过廊子不见了，又一会儿是哪个孩子在后池钓鱼，喊她去寻钓竿，或是另一个迫她到园角攀摘隔墙的还不熟透的桑葚。一天之中这扎着红绒绳的发辫到处可以看到，跟着便是那灵活的眼珠。本能的，我知道我寻着我所需要的中心，和骆驼在沙漠中望见绿洲一样。清早上寂寞地踱出院子一边望着银红阳光射在藤萝叶上，一边却盼望着那扎着红绒绳的辫子快点出现。凑巧她过来了；花布衫熨得平平的，就有补的地方，也总是剪成如意或桃子等好玩的式样，雪白的袜子，青布的鞋，轻快地走着路，手里持着一些老太太早上需要的东西，开水、脸盆或是水烟袋，看着我，她就和蔼亲切地笑笑：

"怎么不去吃稀饭？"

难为情地，我低下头。

"好吧，我带你去。尽怕生不行的呀！"

感激的我跟着她走。到了正厅后面（两张八仙桌上已有许多人在吃早饭），她把东西放在一旁，携着我的手到了中间桌边，顺便地喊声："五少奶，起得真早！"等五少奶转过身来,便更柔声地说:"小客人还在怕生呢,一个人在外边吹着,也不进来吃稀饭!"于是把我放在五少奶旁边方凳上,她自去大锅里盛碗稀饭,从桌心碟子里挟出一把油炸花生,拣了一角有红心的盐鸭蛋放在我面前,笑了一笑走去几步,又回头来,到我耳朵边轻轻地说:

"好好地吃,吃完了,找阿元玩去,他们早上都在后池边看花匠做事,你也去。"或是:"到老太太后廊子找我,你看不看怎样夹燕窝?"

红绒发辫暂时便消失了。

太阳热起来,有天我在水亭子里睡着了,睁开眼正是文珍过来把我拉起来,"不能睡,不能睡,这里又是日头又是风的,快给我进去喝点热茶。"害怕的我跟着她去到小厨房,看着她拿开水冲茶,听她嘴里哼哼地唱着小调。篁姊走过看到我们便喊:"文珍,天这么热你把她带到小厨房里做什么?"我当时真怕文珍生气,文珍却笑嘻嘻地:"三少奶奶,你这位妹妹真怕生,总是一个人闷着,今天又在水亭里睡着了,你给她想想法子解解闷,这里怪难为她的。"

篁姊看看我说:"怎么不找那些孩子玩去?"我没有答应出来,文珍在篁姊背后已对我挤了挤眼,我感激地便不响了。篁姊走去,文珍拉了我的手说:"不要紧,不找那些孩子玩时就来找我好了,我替你想想法子。你喜欢不喜欢拆旧衣衫?我给你一把小剪子,我教你。"于是面对面我们两人有时便坐在树荫下拆旧衣,我不会时她就叫我帮助她拉着布,她一个人剪,一边还同我讲故事。指着大石井,她说:"文环比我大两岁,长得顶好看了,好看的人没有好命,更可怜!我的命也不好,可是我长得老实样,没有什么人来欺侮我。"文环是跳井死的丫头,这事发生在我未来这家以前,我就知道孩子们到了晚上,便互相逗着说文环的鬼常常在井边来去。

"文环的鬼真来么?"我问文珍。

"这事你得问芳少爷去。"

我怔住不懂,文珍笑了,"小孩子还信鬼么?我告诉你,文环的死都是芳少爷不好,要是有鬼她还不来找他算账,我看,就没有鬼,文环白死了!"我仍然没有懂,文珍也不再往下讲了,自己好像不胜感慨的样子。

过一会她忽然说:

"芳少爷讲书倒讲得顶好了,我替你出个主意,等他们早上讲诗的时候,你也去听。背诗挺有意思的,明天我带你去听。"

到了第二天她果然便带了我到东书房去听讲诗。八九

个孩子看到文珍进来,都看着芳哥的脸。文珍满不在乎地坐下,芳哥脸上却有点两样,故作镇定地向着我说:

"小的孩子,要听可不准闹。"我望望文珍,文珍抿紧了嘴不响,打开一个布包,把两本唐诗放在我面前,轻轻地说:"我把书都给你带来了。"

芳哥选了一些诗,叫大的背诵,又叫小的跟着念;又讲李太白怎样会喝酒的故事。文珍看我已经很高兴地在听下去,自己便轻脚轻手地走出去了。此后每天我学了一两首新诗,到晚上就去找文珍背给她听,背错了她必提示我,每背出一首她还替我抄在一个本子里——如此文珍便做了我的老师。

五月节中文珍裹的粽子好,做的香袋更是特别出色,许多人便托她做,有的送她缎面鞋料,有的给她旧布衣衫,她都一脸笑高兴地接收了。有一天在她屋子里玩,我看到她桌子上有个古怪的纸包;我问她里边是些什么,她也很稀奇地说连她都不知道。我们两人好奇地便一同打开看。原来里边裹着是一把精致的折扇,上面画着两三朵菊花,旁边细细地写着两行诗。

"这可怪了,"她喊了起来,接着眼珠子一转,仿佛想起什么了,便轻声地骂着,"鬼送来的!"

听到鬼,我便联想到文环,忽然恍然,有点明白这是谁送来的!我问她可是芳哥?她望着我看看,轻轻拍了我一下,好脾气地说:"你这小孩子家好懂事,可是,"她转了一个口吻,"小孩子家太懂事了,不好的。"过了一会,看我好像很难过,又笑逗着我:"好娇气,一句话都吃不下去!轻轻说你一句就值得撅着嘴这半天!以后怎做人家儿媳妇?"我羞红了脸便和她闹,半懂不懂地大声念扇子上的诗。这下她可真急了,把扇子夺在手里说:"你看我稀罕不稀罕爷们的东西!死了一个丫头还不够呀?"一边说一边狠狠地把扇子撕个粉碎,伏在床上哭起来了。

我从来没有想到文珍会哭的,这一来我慌了手脚,爬在她背上摇她,一直到自己也哭了,她才回过头来说,"好小姐,这是怎么闹的,快别这样了。"替我擦干了眼泪,又哄了我半天。一共做了两个香包才把我送走。

在夏天有一个薄暮里大家都出来到池边乘凉看荷花,小孩子忙着在后园里捉萤火虫,我把文珍也拉去绕着假山竹林子走,一直到了那扇永远锁闭着的小门前边。阿元说那边住的一个人家是革命党,我们都问革命党是什么样子。要爬在假山上面往那边看。文珍第一个上去,阿元接着把我推上去。等到我的脚自己能立稳的时候,我才看到隔壁院里一个剪发的年轻人,仰着头望着我们笑。文珍急着要下来,阿元却正挡住她的去路。阿元上到山顶冒冒失失地便向着那人问:"喂,喂,我问你,你是不是革命党呀?"那人皱一皱眉又笑了笑,问阿元敢不敢下去玩,文珍生气了说阿元太顽皮,自己便先下去把我也接下去走了。

过了些时,我发现这革命党邻居已同阿元成了至交,时常请阿元由墙上过去玩,他自己也越墙过来同孩子们玩过一两次。他是个东洋留学生,放暑假回家的,很自然地我注意到他注意文珍,可是一切事在我当时都是一片模糊,莫名其所以的。文珍一天事又那么多,有时被孩子们纠缠不过,总躲了起来在楼上挑花做鞋去,轻易不见她到花园里来玩的。

可是忽然间全家里空气突然紧张,大点的孩子被二少奶老太太传去问话;我自己也被篁姊询问过两次关于小孩子们爬假山结交革命党的事,但是每次我都咬定了不肯说有文珍在一起。在那种大家庭里厮混了那么久,我也积渐明白做丫头是怎样与我们不同,虽然我却始终没有看到文珍被打过。

经过这次事件以后,文珍渐渐变成沉默,没有先前活泼了。多半时候都在正厅耳房一带,老太太的房里或是南楼上，看少奶奶们打牌。仅在篁姊生孩子时，晚上过来陪我剪花样玩，帮我写两封家信。看她样子好像很不高兴。

中秋前几天阿元过来；报告我说家里要把文珍嫁出去，已经说妥了人家，一个做生意的，长街小钱庄里管账的，听说文珍认得字，很愿意娶她，一过中秋便要她过门，我一面心急文珍要嫁走，却一面高兴这事的新鲜和热闹。

"文珍要出嫁了！"这话在小孩子口里相传着。但是见到文珍我却没有勇气问她。下意识地，我也觉到这桩事的不妙；一种黯淡的情绪笼罩着文珍要被嫁走的新闻上面。我记起文珍撕扇子那一天的哭，我记起我初认识她时她所讲的文环的故事，这些记忆牵牵连连地放在一起，都似乎叫我非常不安。到后来我忍不住了，在中秋前两夜大月亮和桂花香中看文珍正到我们天井外石阶上坐着时，上去坐在她旁边，无暇思索地问她：

"文珍，我同你说。你真要出嫁了么？"

文珍抬头看看树枝中间月亮：

"她们要把我嫁了！"

"你愿意么？"

"什么愿意不愿意的，谁大了都得嫁不是？"

"我是说你愿意嫁给那么一个人家么？"

"为什么不？反正这里人家好，于我怎么着？我还不是个丫头，穿得不好，说我不爱体面，穿得整齐点，便说我闲话，说我好打扮，想男子！……说我……"

她不说下去，我也默然不知道说什么。

"反正，"她接下去说，"丫头小的时候可怜，好容易捱大了，又得遭难！不嫁老在那里磨着，嫁了不知又该受些什么罪！活该我自己命苦，生在凶年……亲爹嬷背了出来卖给人家！"

我以为她又哭了，她可不，忽然立了起来，上个小山坡，踮起脚来连连折下许多桂花枝，拿在手里嗅着。

"我就嫁！"她笑着说，"她们给我说定了谁，我就嫁给谁！管他呢，命要不好，遇到一个醉汉打死了我，不更干脆？反正，文环死在这井里，我不能再在他们家上吊！这个那个都待我好，可是我可伺候够了，谁的事我不做一堆？不待我好，难道还要打我？"

"文珍，谁打过你？"我问。

"好，文环不跳到井里去了么，谁现在还打人？"她这样回答，随着把手里桂花丢过一个墙头，想了想，笑起来。我是完全地莫名其妙。

"现在我也大了，闲话该轮到我了，"她说了又笑，"随他们说去，反正是个丫头，我不怕！……我要跑就跑，跟卖布的，卖糖糕的，卖馄饨的，担臭豆腐挑子沿街喊的，出了门就走了！谁管得了我？"她放声地咭咭呱呱地大笑起来，两只手拿我的额发辫着玩。

我看她高兴，心里舒服起来。寻常女孩子家自己不能提婚姻的事，她竟说要跟卖臭豆腐的跑了，我暗暗稀罕她说话的胆子，自己也跟说疯话："文珍，你跟卖馄饨的跑了，会不会生个小孩子也卖馄饨呀？"

文珍的脸忽然白下来，一声不响。

××钱庄管账的来拜节，有人一直领他到正院里来，小孩们都看见了。这人穿着一件蓝长衫，罩一件青布马褂，脸色乌黑，看去真像有了四十多岁，背还有点驼，指甲长长的，两只手老筒在袖里，顽皮的大孩子们眼睛骨碌碌地看着他，口上都在轻轻地叫他新郎。

我知道文珍正在房中由窗格子里可以看得见他，我就跑进去找寻，她却转到老太太床后拿东西，我跟着缠住，她总一声不响。忽然她转过头来对我亲热的一笑，轻轻地，附在我耳后说，"我跟卖馄饨的去，生小孩，卖小馄饨给你吃。"说完扑哧地稍稍大声点笑。我乐极了就跑出去。但所谓"新郎"却已经走了,只听说人还在外客厅旁边喝茶,商谈亲事应用的茶礼,我也没有再出去看。

此后几天,我便常常发现文珍到花园里去,可是几次,我都找不着她,只有一次我看见她从假山后那小路回来。

"文珍你到哪里去?"

她不答应我,仅仅将手里许多杂花放在嘴边嗅,拉着我到池边去说替我打扮个新娘子,我不肯,她就回去了。

又过了些日子我家来人接我回去,晚上文珍过来到我房里替篁姊收拾我的东西。看见房里没有人,她把洋油灯放低了一点,走到床边来同我说:

"我以为我快要走了,现在倒是你先去,回家后可还记得起来文珍?"

我眼泪挂在满脸,抽噎着说不出话来。

"不要紧,不要紧。"她说,"我到你家来看你。"

"真的么?"我伏在她肩上问。

"那谁知道!"

"你是不是要嫁给那钱庄管账的?"

"我不知道。"

"你要嫁给他,一定变成一个有钱的人了,你真能来我家么?"

"我也不知道。"

我又哭了。文珍摇摇我,说:"哭没有用的,我给你写信好不好?"我点点头,就躺下去睡。

回到家后我时常盼望着文珍的信,但是她没有给我信。真的革命了,许多人都跑上海去住,篁姊来我们家说文珍在中秋节后快要出嫁以前逃跑了,始终没有寻着。这消息听到耳里同雷响一样,我说不出的牵挂、担心她。我鼓起勇气地问文珍是不是同一个卖馄饨的跑了,篁姊惊讶地问我:

"她时常同卖馄饨的说话么?"

我摇摇头说没有。

"我看,"篁姊说,"还是同那革命党跑的!"

一年以后,我还在每个革命画册里想发现文珍的情人。文珍却从没有给我写过一封信。

原载1936年6月14日《大公报·文艺副刊》第162期

四、绣绣

因为时局,我的家暂时移居到××。对楼张家的洋房子楼下住着绣绣。那年绣绣十一岁,我十三。起先我们互相感觉到使彼此不自然,见面时便都先后红起脸来,准备彼此回避。但是每次总又同时彼此对望着,理会到对方有一种吸引力,使自己不容易立刻实行逃脱的举动。于是在一个下午,我们便有意距离彼此不远地同立在张家楼前,看许多人用旧衣旧鞋热闹地换碗。

还是绣绣聪明,害羞地由人丛中挤过去,指出一对美丽的小磁碗给我看,用秘密亲昵的小声音告诉我她想到家里去要一双旧鞋来换。我兴奋地望着她回家的背影,心里漾起一团愉悦的期待。不到一会子工夫,我便又佩服又喜悦地参观到绣绣同换碗的贩子一段交易的喜剧,变成绣绣的好朋友。

那张小小的图画今天还顶温柔地挂在我的胸口。这些年了,我仍能见到绣绣的两条发辫系着大红绒绳,睁着亮亮的眼,抿紧着嘴,边走边跳地过来,一只背在后面的手里提着一双旧鞋。挑卖磁器的贩子口里衔着旱烟,像一个高大的黑影,笼罩在那两簇美丽得同云一般各色磁器的担子上面!一些好奇的人都伸过头来看。"这么一点点小孩子的鞋,谁要?"贩子坚硬的口气由旱烟管的斜角里呼出来。

"这是一双皮鞋,还新着呢!"绣绣抚爱地望着她手里旧皮鞋。那双鞋无疑地曾经一度给过绣绣许多可骄傲的体面。鞋面有两道鞋扣。换碗的贩子终于被绣绣说服,取下口里旱烟扣在灰布腰带上,把鞋子接到手中去端详。绣绣知道这机会不应该失落。也就很快地将两只渴慕了许多时候的小花碗捧到她手里。但是鹰爪似的贩子的一只手早又伸了过来,将绣绣手里梦一般美满的两只小碗仍然收了回去。绣绣没有话说,仰着绯红的脸,眼睛潮润着失望的光。

我听见后面有了许多嘲笑的声音,感到绣绣孤立的形势和她周围一些侮辱的压迫,不觉起了一种不平。"你不能欺侮她小!"我听到自己的声音威风地在贩子的肋下响,"能换就快换,不能换,就把皮鞋还给她!"贩子没有理我,也不去理绣绣,忙碌地同别人交易,小皮鞋也还夹在他手里。

"换了吧老李,换了吧,人家一个孩子。"人群中忽有个老年好事的人发出含笑慈祥的声音。"倚老卖老"地他将担子里那两只小碗重新捡出交给绣绣同我:"哪,你们两个孩子拿着这两只碗快走吧!"我惊讶地接到一只碗,不知所措。绣绣却挨过亲热的小脸扯着我的袖子,高兴地笑着示意叫我同她一块儿挤出人堆来。那老人或不知道,他那时塞到我们手里的不止是两只碗,并且是一把鲜美的友谊。

自此以后,我们的往来一天比一天亲密。早上我伴绣绣到西街口小店里买点零星东西。绣绣是有任务的,她到店里所买的东西都是油盐酱醋,她妈妈那一天做饭所必需的物品,当我看到她在店里非常熟识地要她的货物了,从容地付出或找入零碎铜元同吊票时,我总是暗暗地佩服她的能干,羡慕她的经验。最使我惊异的则是她妈妈所给我的印象。黄瘦的,那妈妈是个极懦弱无能的女人,因为带着病,她的脾气似乎非常暴躁。种种的事她都指使着绣绣去做,却又无时无刻不咕噜着,教训着她的孩子。

起初我以为绣绣没有爹,不久我就知道原来绣绣的父亲是个很阔绰的人物。他姓徐,人家叫他徐大爷,同当时许多父亲一样,他另有家眷住在别一处的。绣绣同她妈妈母女两人早就寄住在这张家亲戚楼下两小间屋子里,好像被忘记了的孤寡。绣绣告诉我,她曾到过她爹爹的家,那还是她那新姨娘没有生小孩以前,她妈叫她去同爹要一点钱,绣绣说时脸红了起来,头低了下去,挣扎着心里各种的羞愤和不平。我没有敢说话,绣绣随着也就忘掉了那不愉快的方面,抬起头来告诉我,她爹家里有个大洋狗非常得好,"爹爹叫它坐下,它就坐下。"还有一架洋钟,绣绣也不能够忘掉"钟上面有个门",绣绣眼里亮起来,"到了钟点,门会打开,里面跳出一只鸟来,几点钟便叫了几次。""那是——那是爹爹买给姨娘的。"绣绣又偷偷告诉了我。

"我还记得有一次我爹爹抱过我呢，"绣绣说，她常同我讲点过去的事情。"那时候，我还顶小，很不懂事，就闹着要下地，我想那次我爹一定很不高兴的！"绣绣追悔地感到自己的不好，惋惜着曾经领略过又失落了的一点点父亲的爱。"那时候，你太小了当然不懂事。"我安慰着她。"可是……那一次我到爹家里去时，又弄得他不高兴呢！"绣绣心里为了这桩事，大概已不止一次地追想难过着，"那天我要走的时候，"她重新说下去，"爹爹翻开抽屉问姨娘有什么好玩艺儿给我玩，我看姨娘没有答应，怕她不高兴便说，我什么也不要，爹听见就很生气把抽屉关上，说：不要就算了！"——这里绣绣本来清脆的声音显然有点哑，"等我再想说话，爹已经起来把给妈的钱交给我，还说，你告诉她，有病就去医，自己乱吃药，明日吃死了我不管！"这次绣绣伤心地对我诉说着委屈，轻轻抽噎着哭，一直坐在我们后院子门槛上玩，到天黑了才慢慢地踱回家去，背影消失在张家灰黯的楼下。

夏天热起来，我们常常请绣绣过来喝汽水，吃藕，吃西瓜。娘把我太短了的花布衫送给绣绣穿，她活泼地在我们家里玩，帮着大家摘菜，做凉粉，削果子做甜酱，听国文先生讲书，讲故事。她的妈则永远坐在自己窗口里，摇着一把蒲扇，不时颤声地喊："绣绣！绣绣！"底下咕噜着一些埋怨她不回家的话，"……同她父亲一样，家里总坐不住！"

有一天，天将黑的时候，绣绣说她肚子痛，匆匆跑回家去。到了吃夜饭时候，张家老妈到了我们厨房里说，绣绣那孩子病得很，她妈不会请大夫，急得只坐在床前哭。我家里人听见了就叫老陈妈过去看绣绣，带着一剂什么急救散。我偷偷跟在老陈妈后面，也到绣绣屋子去看她。我看到我的小朋友脸色苍白地在一张木床上呻吟着，屋子在那黑夜小灯光下闷热的暑天里，显得更凌乱不堪。那黄病的妈妈除却交叉着两只手发抖地在床边敲着，不时呼唤绣绣外，也不会为孩子预备一点什么适当的东西。大个子的蚊子咬着孩子的腿同手臂，大粒子汗由孩子额角沁出流到头发旁边。老陈妈慌张前后地转，拍着绣绣的背，又问徐大奶奶——绣绣的妈——要开水，要药锅煎药。我偷个机会轻轻溜到绣绣床边叫她，绣绣听到声音还勉强地睁开眼睛看看我作了一个微笑，吃力地低声说，"蚊香……在屋角……劳驾你给点一根……"她显然习惯于母亲的无用。

"人还清楚!"老陈妈放心去熬药。这边徐大奶奶咕噜着,"告诉你过人家的汽水少喝!果子也不好,我们没有那命吃那个……偏不听话,这可招了祸!……你完了小冤家,我的老命也就不要了……"绣绣在呻吟中间显然还在哭辩着。"哪里是那些,妈……今早上……我渴,喝了许多泉水。"

家里派人把我拉回去。我记得那一夜我没得好睡,惦记着绣绣,做着种种可怕的梦。绣绣病了差不多一个月,到如今我也不知道到底患的什么病,他们请过两次不同的大夫,每次买过许多杂药。她妈天天给她稀饭吃。正式的医药没有,营养更是等于零的。

因为绣绣的病,她妈妈埋怨过我们,所以她病里谁也不敢送吃的给她。到她病将愈的时候,我天天只送点儿童画报一类的东西去同她玩。

病后,绣绣那灵活的脸上失掉所有的颜色,更显得异样温柔,差不多超尘的洁净,美得好像画里的童神一般,声音也非常脆弱动听,牵得人心里不能不漾起怜爱。但是以后我常常想到上帝不仁的摆布,把这么美好敏感,能叫人爱的孩子虐待在那么一个环境里,明明父母双全的孩子,却那样伶仃孤苦、使她比失却怙恃更茕孑无所依附。当然我自己除却给她一点童年的友谊，做个短时期的游伴以外，毫无其他能力护助着这孩子同她的运命搏斗。

她父亲在她病里曾到她们那里看过她一趟，停留了一个极短的时间。但他因为不堪忍受绣绣妈的一堆存积下的埋怨，他还发气狠心地把她们母女反申斥了、教训了，也可以说是辱骂了一顿。悻悻的他留下一点钱就自己走掉，声明以后再也不来看她们了。

我知道绣绣私下曾希望又希望着她爹去看她们，每次结果都是出了她孩子打算以外的不圆满。这使她很痛苦。这一次她忍耐不住了，她大胆地埋怨起她的妈，"妈妈，都是你这样子闹，所以爹气走了，赶明日他再也不来了！"其实绣绣心里同时也在痛苦着埋怨她爹。她有一次就轻声地告诉过我："爹爹也太狠心了，妈妈虽然有脾气，她实在很苦的，她是有病。你知道她生过六个孩子，只剩我一个女的，从前，她常常一个人在夜里哭她死掉的孩子，日中老是做活计，样子同现在很两样；脾气也很好的。"但是绣绣虽然告诉过我——她的朋友——她的心绪，对她母亲的同情，徐大奶奶都只听到绣绣对她一时气愤的埋怨，因此便借题发挥起来，夸张着自己的委屈，向女儿哭闹，谩骂。

那天张家有人听得不过意了，进去干涉，这一来，更触动了徐大奶奶的歇斯塔尔利亚①的脾气,索性气结地坐在地上狠命地咬牙捶胸,疯狂似的大哭。等到我也得到消息过去看她们时,绣绣已哭到眼睛红肿,蜷伏在床上一个角里抽搐得像个可怜的迷路的孩子。左右一些邻居都好奇,好事地进去看她们。我听到出来的人议论着她们事说:"徐大爷前月生个男孩子。前几天替孩子做满月办了好几桌席,徐大奶奶本来就气得几天没有吃好饭,今天大爷来又说了她同绣绣一顿,她更恨透了,巴不得同那个新的人拼命去!凑巧绣绣还护着爹,倒怨起妈来,你想,她可不就气疯了,拿孩子来出气么?"我还听见有人为绣绣不平,又有人说:"这都是孽债,绣绣那孩子,前世里该了他们什么吧?怪可怜的,那点点年纪,整天这样捱着。你看她这场病也会不死?这不是该他们什么还没有还清么?!"

绣绣的环境一天不如一天,的确好像有孽债似的,她妈的暴躁比以前更迅速地加增,虽然她对绣绣的病不曾有效地维护调摄,为着忧虑女儿的身体那烦恼的事实却增进她的衰弱怔忡的症候,变成一个极易受刺激的妇人。为着一点点事,她就得狂暴地骂绣绣。有几次简直无理地打起孩子来。楼上张家不胜其烦,常常干涉着,因之又引起许

---

① Hysteria,今译歇斯底里。——编者注

多不愉快的口角,给和平的绣绣更多不方便同为难。

　　我自认已不迷信的了,但是人家说绣绣似来还孽债的话,却偏偏深深印在我脑子里,让我回味又回味着,不使我摆脱开那里所隐示的果报轮回之说。读过《聊斋志异》同《西游记》的小孩子的脑子里,本来就装着许多荒唐的幻想的,无意的迷信的话听了进去便很自然发生了相当影响。此后不多时候我竟暗同绣绣谈起观音菩萨的神通来。两人背着人描下柳枝观音的像夹在书里,又常常在后院向西边虔敬地做了一些滑稽的参拜,或烧几炷家里的蚊香。我并且还教导绣绣暗中临时念"阿弥陀佛,救苦救难观世音菩萨",告诉她那可以解脱突来的灾难。病得瘦白柔驯,乖巧可人的绣绣,于是真的常常天真地双垂着眼,让长长睫毛美丽地覆在脸上,合着小小手掌,虔意地喃喃向着传说能救苦的观音祈求一些小孩子的奢望。

　　"可是,小姊姊,还有耶稣呢?"有一天她突然感觉到她所信任的神明问题有点儿蹊跷,我们两人都是进过教会学校的——我们所受的教育,同当时许多小孩子一样本是矛盾的。

　　"对了,还有耶稣!"我呆然,无法给她合理的答案。神明本身既发生了问题,神明自有公道慈悲等说也就跟着动摇了。但是一个漂泊不得于父母的寂寞孩子显然需要可皈依的主宰的，所以据我所知道，后来观音同耶稣竟是同时庄严地在绣绣心里受她不断地敬礼！

这样日子渐渐过去，天凉快下来，绣绣已经又被指使着去临近小店里采办杂物，单薄的后影在早晨凉风中摇曳着，已不似初夏时活泼。看到人总是含羞地不说什么话，除却过来找我一同出街外，也不常到我们这边玩了。

突然的有一天早晨，张家楼下发出异样紧张的声浪，徐大奶奶在哭泣中锐声气愤地在骂着，诉着，喘着，与这锐声相间而发的有沉重的发怒的男子口音。事情显然严重。借着小孩子身份，我飞奔过去找绣绣。张家楼前停着一辆讲究的家车，徐大奶奶房间的门开着一线，张家楼上所有的仆人，厨役，打杂同老妈，全在过道处来回穿行，好奇地听着热闹。屋内秩序比寻常还要紊乱，刚买回来的肉在荷叶上挺着，一把蔬菜萎靡得像一把草，搭在桌沿上，放出灶边或菜市里那种特有气味，一堆碗箸，用过的同未用的，全在一个水盆边放着。墙上美人牌香烟的月份牌已让人碰得在歪斜里悬着。最奇怪的是那屋子里从来未有过的雪茄烟的气氛。徐大爷坐在东边木床上，紧紧锁着眉，怒容满面，口里衔着烟，故作从容地抽着，徐大奶奶由邻居里一个老太婆同一个小脚老妈子按在一张旧藤椅上还断续地颤声地哭着。

当我进门时，绣绣也正拉着楼上张太太的手进来，看见我头低了下去，眼泪显然涌出，就用手背去擦着已经揉得红肿的眼皮。

徐大奶奶见到人进来就锐声地申诉起来。她向着楼上张太太："三奶奶，你听听我们大爷说的没有理的话！……我就有这么半条老命，也不能平白让他们给弄死！我熬了这二十多年，现在难道就这样子把我撵出去？人得有个天理呀！……我打十七岁来到他家，公婆面上什么没有受过，捱过……"

张太太望望徐大爷，绣绣也睁着大眼睛望着她的爹，大爷先只是抽着烟严肃地冷酷地不作声。后来忽然立起来，指着绣绣的脸，愤怒地做个强硬的姿势说："我告诉你，不必说那许多废话，无论如何，你今天非把家里那些地契拿出来交还我不可，……这真是岂有此理！荒唐之至！老家里的田产地契也归你管了，这还成什么话！"

夫妇两人接着都有许多驳难的话；大奶奶怨着丈夫遗弃，克扣她钱，不顾旧情，另有所恋，不管她同孩子两人的生活，在外同那女人浪费。大爷说他妻子，不识大体，不会做人，他没有法子改良她，他只好提另再娶能温顺着他的女人另外过活，坚不承认有何虐待大奶奶处。提到地契，两人各据理由争执，一个说是那一点该是她老年过活的凭借，一个说是祖传家产不能由她做主分配。相持到吃中饭时分，大爷的态度愈变强硬，大奶奶却喘成一团，由疯狂的哭闹，变成无可奈何的啜泣。别人已渐渐退出。

　　直到我被家里人连催着回去吃饭时，绣绣始终只缄默地坐在角落里，由无望地伴守着两个互相仇视的父母，听着楼上张太太的几次清醒的公平话，尤其关于绣绣自己的地方。张太太说的要点是他们夫妇两人应该看绣绣面上，不要过于固执。她说："那孩子近来病得很弱，"又说："大奶奶要留着一点点也是想到将来的事，女孩子长大起来还得出嫁，你不能不给她预备点。"她又说："我看绣绣很聪明，下季就不进学，开春也应该让她去补习点书。"她又向大爷提议："我看以后大爷每月再给绣绣筹点学费，这年头女孩不能老不上学，尽在家里做杂务的。"

　　这些中间人的好话到了那生气的两个人耳里，好像更变成一种刺激，大奶奶听到时只是冷讽着："人家有了儿子了，还顾了什么女儿！"大爷却说："我就给她学费，她那小气的妈也不见得送她去读书呀？"大奶奶更感到冤枉了，"是我不让她读书么？你自己不说过：女孩子不用读那么些书么？"

无论如何，那两人固执着偏见，急迫只顾发泄两人对彼此的仇恨，谁也无心用理性来为自己的纠纷寻个解决的途径，更说不到顾虑到绣绣的一切。那时我对绣绣的父母两人都恨透了，恨不得要同他们说理，把我所看到各种的情形全盘不平地倾吐出来，叫他们醒悟，乃至于使他们悔过，却始终因自己年纪太小，他们情形太严重，拿不起力量，懦弱地抑制下来。但是当我咬着牙毒恨他们时，我偶然回头看到我的小朋友就坐在那里，眼睛无可奈何地向着一面，无目的愣着，忽然使我起一种很奇怪的感觉。我悟到此刻在我看去无疑问的两个可憎可恨的人，却是那温柔和平绣绣的父母。我很明白即使绣绣此刻也有点恨他们，但是缔结在绣绣温婉的心底的，对这两人到底仍是那不可思议的深爱！

我在惘惘中回家去吃饭，饭后等不到大家散去，我就又溜回张家楼下。这次出我意料以外的，绣绣房前是一片肃静。外面风刮得很大，树叶和尘土由甬道里卷过，我轻轻推门进去，屋里的情形使我不禁大吃一惊，几乎失声喊出来！方才所有放在桌上木架上的东西，现在一起打得粉碎，扔散在地面上……大爷同大奶奶显然已都不在那里，屋里既无啜泣，也没有沉重的气愤的申斥声，所余仅剩苍白的绣绣，抱着破碎的想望，无限的伤心，坐在老妈子身边。雪茄烟气息尚香馨地笼罩在这一幅惨淡滑稽的画景上面。

"绣绣，这是怎么了？"绣绣的眼眶一红，勉强调了一下哽咽的嗓子，"妈妈不给那——那地契，爹气了就动手扔东西，后来……他们就要打起来，隔壁大妈给劝住，爹就气着走了……妈让他们挟到楼上'三阿妈'那里去了。"

小脚老妈开始用笤帚把地上碎片收拾起来。

忽然在许多凌乱中间，我见到一些花磁器的残体，我急急拉过绣绣两人一同俯身去检验。

"绣绣！"我叫起来，"这不是你那两只小磁碗？也……让你爹砸了么？"

绣绣泪汪汪地点点头，没有答应，云似的两簇花磁器的担子和初夏的景致又飘过我心头，我捏着绣绣的手，也就默然。外面秋风摇撼着楼前的破百叶窗，两个人看着小脚老妈子将那美丽的尸骸同其他茶壶粗碗的碎片，带着茶叶剩菜，一起送入一个旧簸箕里，葬在尘垢中间。这世界上许多纷纠使我们孩子的心很迷惑——那年绣绣十一,我十三。

  终于在那年的冬天,绣绣的迷惑终止在一个初落雪的清早里。张家楼房背后那一道河水,冻着薄薄的冰,到了中午阳光隔着层层的雾惨白的射在上面,绣绣已不用再缩着脖颈,顺着那条路,迎着冷风到那里去了!无意的她却把她的迷惑留在我心里,飘忽于张家楼前同小店中间直到了今日。

二十六,三,廿

原载1937年4月18日《大公报·文艺副刊》第325期

第五章

千年暮秋 林徽因

緣定三生石 梁思成題

笑

笑的是她的眼睛，口唇，
和唇边浑圆的漩涡。
艳丽如同露珠，
朵朵的笑向
贝齿的闪光里躲。
那是笑——神的笑，美的笑：
水的映影，风的轻歌。

笑的是她惺忪的鬈发，
散乱的挨着她耳朵。
轻软如同花影，
痒痒的甜蜜
涌进了你的心窝。
那是笑——诗的笑，画的笑，
云的留痕，浪的柔波。

原载1931年9月《新月诗选》

仍然

你舒伸得像一湖水向着晴空里
白云,又像是一流冷涧,澄清
许我循着林岸穷究你的泉源:
我却仍然怀抱着百般的疑心
对你的每一个映影!

你展开像个千瓣的花朵!
鲜妍是你的每一瓣,更有芳沁,
那温存袭人的花气,伴着晚凉:
我说花儿,这正是春的捉弄人,
来偷取人们的痴情!

你又学叶叶的书篇随风吹展,
揭示你的每一个深思;每一角心境,
你的眼睛望着,我不断的在说话:
我却仍然没有回答,一片的沉静
永远守住我的魂灵。

原载1931年9月《新月诗选》

莲灯

如果我的心是一朵莲花,
正中擎出一枝点亮的蜡,
荧荧虽则单是那一剪光,
我也要它骄傲的捧出辉煌。
不怕它只是我个人的莲灯,
照不见前后崎岖的人生——
浮沉它依附着人海的浪涛
明暗自成了它内心的秘奥。
单是那光一闪花一朵——
像一叶轻舸驶出了江河——
宛转它飘随命运的波涌
等候那阵阵风向远处推送。
算做一次过客在宇宙里,
认识这玲珑的生从容的死,
这飘忽的途程也就是个——
也就是个美丽美丽的梦。

二十一年七月半,香山

原载1933年3月《新月》4卷6期

山中一个夏夜

山中有一个夏夜,深得
像没有底一样,
黑影,松林密密的;
周围没有点光亮。
　　对山闪着只一盏灯——两盏
　　像夜的眼,夜的眼在看!

满山的风全蹑着脚
像是走路一样,
躲过了各处的枝叶
各处的草,不响。
　　单是流水,不断的在山谷上
　　石头的心,石头的口在唱。

虫鸣织成那一片静,寂寞
像垂下的帐幔;
仲夏山林在内中睡着,
幽香四下里浮散。

黑影枕着黑影,默默的无声,
夜的静,却有夜的耳在听!

一九三一年(据手稿)

原载1933年6月《新月》4卷7期

年关

哪里来,又向哪里去,
这不断,不断的行人,
奔波杂遝的,这车马?
红的灯光,绿的紫的,
织成了这可怕,还是
可爱的夜?高的楼影
渺茫天上,都象征些
什么现象?这嗓聒中
为什么又凝着这沉静;
这热闹里,会是凄凉?

这是年关,年关,有人
由街头走着,估计着,
孤零的影子斜映着,
一年,又是一年辛苦,
一盘子算珠的艰和难。
日中你敛住气,夜里,
你喘,一条街,一条街,

跟着太阳灯光往返，——
人和人，好比水在流，
人是水，两旁楼是山！
　一年，一年，
连年里，这穿过城市
胸腑的辛苦，成千万，
成千万人流的血汗，
才会造成了像今夜
这神奇可怕的灿烂！
看，街心里横一道影
灯盏上开着血印的花
夜在凉雾和尘沙中
进展，展进，许多口里
在喘着年关，年关……

二十三年废历除夕

原载1934年2月21日《大公报·文艺副刊》第43期

忆

新年等在窗外,一缕香,
枝上刚放出一半朵红。
心在转,你曾说过的
几句话,白鸽似的盘旋。

我不曾忘,也不能忘
那天的天澄清的透蓝,
太阳带点暖,斜照在
每棵树梢头,像凤凰。

是你在笑,仰脸望,
多少勇敢话那天,你我
全说了,——像张风筝
向蓝穹,凭一线力量。

二十二年年岁终

原载1934年6月《学文》1卷2期

吊玮德

玮德，是不是那样，

你觉到乏了，有点儿

不耐烦，

并不为别的缘故

你就走了，

向着哪一条路？

玮德你真是聪明；

早早的让花开过了

那顶鲜妍的几朵，

就选个这样春天的清晨，

挥一挥袖

对着晓天的烟霞

走去，轻轻的，轻轻的

背向着我们。

春风似的不再停住！

春风似的吹过，

你却留下

永远的那么一颗

少年人的信心；

少年的微笑

和悦的

洒落在别人的新枝上。

我们骄傲

你这骄傲

但你，玮德，独不惆怅

我们这一片

懦弱的悲伤？

黯淡是这人间

美丽不常走来

你知道。

歌声如果有，也只在

几个唇边旋转！

一层一层尘埃，

凄怆是各样的安排，

即使狂飙不起，狂飙不起，

这远近苍茫，

雾里狼烟，

谁还看见花开!

你走了,
你也走了,
尽走了,再带着去
那些儿馨芳,
那些个嘹亮,
明天再明天,此后
寂寞的平凡中
都让谁来支持?
一星星理想,难道
从此都空挂到天上?
玮德你真是个诗人
你是这般年轻,好像
天方放晓,钟刚敲响……
你却说倦了,有点儿
不耐烦忍心,
一条虹桥由中间拆断;
情愿听杜鹃啼唱,
相信有明月长照,

寒光水底能依稀映成

那一半连环

憬憧中

你诗人的希望!

玮德是不是那样

你觉得乏了,人间的怅惘

你不管;莲叶上笑着展开

浮烟似的诗人的脚步。

你只相信天外那一条路?

二十四年五月十日北平

原载1935年6月《文艺月刊》7卷6期

城楼上

你说什么?
鸭子,太阳,
城墙下那护城河?
——我?
我在想,
——不是不在听——
想怎样
从前,……
——
对了,
也是秋天!

你也曾去过,
你?那小树林?
还记得么;
山窝,红叶像火?
映影
湖心里倒浸,

那静?

天!……

(今天的多蓝,你看!)

白云,

像一缕烟。

谁又啰嗦?

你爱这里城墙,

古墓,长歌,

蔓草里开野花朵。

好,我不再讲

从前的,单想

我们在古城楼上

今天,——

白鸽,

(你准知道是白鸽?)

飞过面前。

二十四年十月

原载1935年11月8日《大公报·文艺副刊》第39期

风筝

看,那一点美丽
会闪到天空!
几片颜色,
挟住双翅,
心,缀一串红。

飘摇,它高高的去,
逍遥在太阳边
太空里闪
一小片脸,
但是不,你别错看了
错看了它的力量,
天地间认得方向!
它只是
轻的一片,
一点子美
像是希望,又像是梦;
一长根丝牵住

天穹,渺茫——

高高推着它舞去,

白云般飞动,

它也猜透了不是自己,

它知道,知道是风!

正月十一日

原载1936年2月14日《大公报·文艺副刊》第39期

雨后天

我爱这雨后天,
这平原的青草一片!
我的心没底止的跟着风吹,
风吹:
吹远了草香,落叶,
吹远了一缕云,像烟——
像烟。

二十一年十月一日

原载1936年3月15日《大公报·文艺副刊》第110期

题剔空菩提叶

认得这透明体，

智慧的叶子掉在人间？

消沉，慈净——

那一天一闪冷焰，

一叶无声的坠地，

仅证明了智慧寂寞

孤零的终会死在风前！

昨天又昨天，美

还逃不出时间的威严；

相信这里睡眠着最美丽的

骸骨，一丝魂魄月边留念，——

……

菩提树下清荫则是去年！

二十五年四月二十三日

黄昏过泰山

记得那天

心同一条长河,

让黄昏来临,

月一片挂在胸襟。

如同这青黛山,

今天,

心是孤傲的屏障一面;

葱郁,

不忘却晚霞,

苍莽,

却听脚下风起,

来了夜——

原载1936年7月19日《大公报·文艺副刊》第182期

昼梦

昼梦
垂着纱,
无从追寻那开始的情绪
还未曾开花;
柔韧得像一根
乳白色的茎,缠住
纱帐下;银光
有时映亮,去了又来;
盘盘丝络
一半失落在梦外。

花竟开了,开了;
零落的攒集,
从容的舒展,
一朵,那千百瓣!
抖擞那不可言喻的
刹那情绪,
庄严峰顶——
天上一颗星……

晕紫，深赤，
天空外旷碧，
是颜色同颜色浮溢，腾飞……
深沉，
又凝定——
悄然香馥，
袅娜一片静。

昼梦
垂着纱，
无从追踪的情绪
开了花；
四下里香深，
低覆着禅寂，
间或游丝似的摇移，
悠忽一重影；
悲哀或不悲哀
全是无名，
一闪娉婷。

二十五年暑中北平

原载1936年8月30日《大公报·文艺副刊》第206期

八月的忧愁

黄水塘里游着白鸭,
高粱梗油青的刚高过头,
这跳动的心怎样安插,
田里一窄条路,八月里这忧愁?

天是昨夜雨洗过的,山岗
照着太阳又留一片影;
羊跟着放羊的转进村庄,
一大棵树荫下罩着井,又像是心!

从没有人说过八月什么话,
夏天过去了,也不到秋天。
但我望着田垄,土墙上的瓜,
仍不明白生活同梦怎样的连牵。

二十五年夏末

原载1936年9月30日《大公报·文艺副刊》第224期

昆明即景

一 茶铺

这是立体的构画,
　　描在这里许多样脸
在顺城脚的茶铺里
　　隐隐起喧腾声一片。

各种的姿势,生活
　　刻划着不同方面:
茶座上全坐满了,笑的,
　　皱眉的,有的抽着旱烟。

老的,慈祥的面纹,
　　年轻的,灵活的眼睛,
都暂要时间茶杯上
　　停住,不再去扰乱心情!

一天一整串辛苦,
　　此刻才赚回小把安静,
夜晚回家,还有远路,
　　白天,谁有工夫闲看云影?

不都为着真的口渴,
　　四面窗开着,喝茶,
跷起膝盖的是疲乏,
　　赤着臂膀好同乡邻闲话。

也为了放下扁担同肩背
　　向运命喘息,倚着墙,
每晚靠这一碗茶的生趣
　　幽默估量生的短长……

这是立体的构画,
　　设色在小生活旁边,
荫凉南瓜棚下茶铺,
　　热闹照样的又过了一天!

二小楼

张大爷临街的矮楼,

半藏着,半挺着,立在街头,

瓦覆着它,窗开一条缝,

夕阳染红它,如写下古远的梦。

矮檐上长点草,也结过小瓜,

破石子路在楼前,无人种花,

是老坛子,瓦罐,大小的相伴;

尘垢列出许多风趣的零乱。

但张大爷走过,不吟咏它好;

大爷自己(上年纪了)不相信古老。

他拐着杖常到隔壁沽酒,

宁愿过桥,土堤去看新柳!

原载1948年2月22日《经世日报·文艺周刊》第58期

我们的雄鸡

我们的雄鸡从没有以为
　　　自己是孔雀
自信他们鸡冠已够他
　　　仰着头漫步——
一个院子他绕上了一遍
　　　仪表风姿
都在群雌的面前！

我们的雄鸡从没有以为
　　　自己是首领
晓色里他只扬起他的呼声
　　　这呼声叫醒了别人
他经济地保留这种叫喊
　　　（保留那规则）
于是便象征了时间！

一九四八年二月十八日　清华